La Spirale

et

La Dame du Verger

Francis André-Cartigny

La Spirale

et

La Dame du Verger

Saint Bernard et la Médiation Mariale
St Thomas-sur-Kyll (Trèves)
Marienfloss (Sierck) - Marie en Islam

Collection de l'Aubépine
Ouvrage n° 3

Édition : BoD – Books on Demand, info@bod.fr
Impression : BoD – Books on Demand, In de Tarpen 42,
Norderstedt (Allemagne)
Impression à la demande

ISBN : 978-2-3224-5176-0

Dépôt légal : Octobre 2022

Ouvrages du même auteur

La Roue Enflammée de Contz-les-Bains, sous-titré „Rites et langage dans la Vallée de la Moselle" chez Fensch Vallée 2000.

Le Temps de l'Enfance en Lorraine, sous-titré „Pays-des-Trois-Frontières - Sarre - Luxembourg" chez La Geste 2021.

Le Culte des Fontaines et les Hospitaliers de Saint Jean, sous-titré Sierck Résidence des Ducs de Lorraine - Eaux et Sommets aux Pays de Sierck et de Rodemack - Val de l'Altbach-Gander Franco-Luxembourgeois. 2021 chez Bod.

Petite Grammaire Luxembourgeoise. 2022 chez Bod.

Selon l'ordre de Melchisédech - Tradition Primordiale - Débuts du Christianisme - Rois Mages - Variations Romaines. BOD 2022

La Spirale des Cycles - De la Genèse au Monde Moderne - 2022- BOD - Collection de l'Aubépine 1.

La Spirale et l'Absolu - Pèlerinages, médiations, miracles et influences spirituelles dans les trois religions monothéistes 2022 - Collection de l'Aubépine 2.

Présentation

Au cœur des mythes celtiques se tenait souvent une Femme dans un Verger ou près d'une fontaine, telle que la fée Brunissen, la Femme Soleil. Plus tard les troubadours chantaient l'Amour Courtois de leur Dame, les Chevaliers vénéraient Notre Dame. Saint Bernard plaçait la Vierge Marie au cœur de la Chevalerie et initiait la méditation de la Salutation Mariale, reprise par les Chartreux, qui de chaque perle égrainée du Rosaire composaient un Jardin de Roses.

Le Christianisme offrit un statut d'exception à La Mère du Christ reconnue source trinitaire. Malgré la controverse à ce sujet, Rome développa une dogmatique radicale de l'Immaculée Conception reconnue par l'Islam, alors que Saint Thomas d'Aquin et Saint Bernard le fondateur de l'abbaye cistercienne de Clairvaux s'y opposèrent.

Dans ce contexte, ce nouveau tome de la collection de l'Aubépine propose un retour sur ces évènements.

Francis André-Cartigny est l'auteur de divers ouvrages où le symbolisme conjugué à la spiritualité figure au cœur des thèmes abordés. Originaire de la Moselle Thioise, il se consacra à la linguistique et à l'enseignement de langues germaniques.

IHS

Ce signe est composé des lettes IHS, c'est à dire l'abréviation grecque du nom de Jésus : JES soit IHS, au centre de laquelle s'insère le symbole AVM, qui deux ternaires disposés en sens inverse l'un de l'autre où le trait horizontal médian représente le plan de réflexion ou la « surface de l'eau ». Les lettres AVM correspondent exactement aux trois éléments constitutifs du monosyllabique de l'AUM oriental.

Ce symbole figurait dans le monastère des Carmes de Loudun, qui à l'origine pratiquait une initiation très voisine des Templiers.
Sources René Guénon dans le « Roi du Monde «.

Un tel symbole se trouve également au Centre diocésain du Mans à l'entrée de la chapelle construite lors de la seconde fondation dans cette ville de l'Ordre de la Visitation Sainte Marie, en mémoire de la première installation des sœurs au Mans en 1624. (Voir la page 61)
Source Christian Pinot. Président du Centre d'Études du Mans.

*

Merci à Marie Puech pour ses dévoués services

La Dame du Verger
Samuel Palmer « Le Jardin de Schoreham »

Que contient ce livre ?

*

Prologue dédicacé de l'Auteur

A l'heure de mon enfance mosellane, la récitation du chapelet avait lieu tous les jours des mois de Mai, d'Août et d'Octobre dans l'Église paroissiale du village. L'agriculture représentait l'activité principale du pays : fraises, fruits, vin et bien entendu les céréales, le lait et l'élevage etc. Pourtant l'église au moment du rosaire était remplie. Sur les bancs, de braves paysans s'agenouillaient, malgré le travail laissé en plan après une journée harassante. Certes cela représentait une forme de repos après cette journée de labeur ! Chacun avait fait un brin de toilette. Venait la bénédiction et l'odeur de l'encens. La chasuble dorée, étincelante se confondait avec les rayons d'or de l'ostensoir. Alors les voûtes tremblaient comme les murailles de Jericho au son des trompettes quant d'une seule voix l'assemblée entonnait le *Salve Regina* à faire craquer l'église. Si les braves paysans semblaient avoir peu de voix à la récitation des Ave, leur voix couvraient celles des femmes cette fois-ci.

Chacun connaissait Saint-Bernard plus qu'ailleurs. En effet un vitrail splendide le représente dans cette église même du village où il guérit miraculeusement une infirme lors de son passage dans la vallée en 1143, en chemin vers Trèves et Spire en Allemagne prêcher une nouvelle croisade. Chacun savait que les Chartreux installés dans le village jadis furent à l'origine du Rosaire initié par Bernard le Cistercien. Qui ne s'était jamais rendu à Marienfloss voisine au « Berceau du Rosaire médité » ? Savaient-ils qu'il fut médité ? Certainement, mais eux le méditaient-ils ? J'en témoigne oui. Sur les hauteurs où l'on domine la vallée, aucun faucheur d'un matin frais ne pouvait

RUTILAVIT RUTILÆ

IN BERNARDI PRÆSENTIA LUX CÆLESTIS

« manquer » le premier Angélus. Le paysan s'exprime peu par nature. Intériorisé, il médite au cœur de sa belle campagne. Alors, le soir à l'église, il se contente de rabâcher les paroles de réponse de l'Ave qu'une jeune fille à la voix de cristal avait entamé.

La Moselle fut un diocèse très catholique. Elle fut « martyre » et écartelée au cours de la Seconde Guerre Mondiale. Dans cette église rénovée chaque pierre neuve appelle les pierres détruites par la guerre et chacun se souvient avoir, dans ces moments douloureux de l'existence, invoqué l'aide de Marie.

Le vitrail de Saint-Bernard dans l'église de Rettel en Moselle

La légende du Vitrail en latin : « *Rutilavit Rutilae im Bernardi preasentia lux caelestis* », est traduite par : « *La présence de Saint Bernard à Rettel fut guidée par une lumière céleste.* »

De passage en 1147, il séjourna certainement à l'abbaye bénédictine du village, le temps de régler quelques affaires avec le Duc de Lorraine en résidence à Sierck voisine.

Ce vitrail a pu être réalisé pour l'église paroissiale vers 1951 grâce aux dons pour une part non négligeable de la population du village.

On notera les symboles suivants. L'ancre chère aux bénédictins pour leurs activités fluviales sur la Moselle : pèche, gestion du bac etc. On remarquera également la structure du vitrail associant intimement la passion du Christ (croix, clous, etc.) à la Vierge co-rédemptrice. Enfin on aura relevé les armes des Chevaliers Teutoniques installés dans la paroisse même au pied du Château fort de Sierck : la croix noire sur fond blanc que porte également Marie, patronne des Chevaliers du Temple de Jérusalem. Une embarcation, dont les voiles sont aux armes des mêmes chevaliers, devait être amarrée à Rettel ?

Figurent également les symboles propres à Saint Bernard : les roseaux (le cistel) évoquant l'Abbaye de Clairvaux et le cœur enflammé souvent présent sur les vieilles pierres de l'ancienne bénédictine de Rettel.

Le saint homme avait guéri quelques paralytiques dans l'église et dans les environs. Enfin on aura également remarqué en arrière-plan des miraculés : deux affligés de maux de tête, symbole d'une « Bonne Mort », objet d'un pèlerinage par des pénitents venus d'Itzig au Luxembourg en l'Église de Rettel.

La Vierge des Anges de l'Église de Rettel

Carte postale éditée par la Paroisse en 1952 pour le retour
de la statue après la guerre.

Actuellement conservée par l'administration du patrimoine lorrain

Introduction

La chute de l'homme le ramenait à un degré moindre sur l'échelle menant à l'Absolu, c'est à dire sur la voie vers l'Être Suprême. Parallèlement les effets centrifuges du spatio-temporel l'éloignait du centre de la « Spirale des Cycles ». Pour retrouver son centre, l'homme fait appel au recours privilégié de la médiation de la Mère du Christ : le véritable pèlerinage. Celui-ci est un cheminement de retour sur l'axe médian vers son centre; c'est un chemin de pénitence et de « ressourcement ». L'initiative de cette entreprise salvatrice revient au seul pénitent.

Par quelle grâce Marie détient-elle ce pouvoir ?

Des trois traditions monothéistes, seules quelques religions chrétiennes entretiennent le culte marial médiateur et tout particulièrement l'Église Romaine. Comment ce culte a-t-il pu s'établir, alors que Saint Paul déclarait dès les tous premiers temps de la chrétienté que « *seule la foi en Jésus-Christ sauvait du péché originel sans les œuvres* » ! Par cette déclaration radicale, le chrétien « pouvait-il dormir sur ses deux oreilles » et attendre ses « fins dernières » ? Certainement pas, la foi est comparable à une plante qu'il faut entretenir et arroser. Le baptême lave du péché originel mais pas de ceux commis par le pénitent au cours de sa vie, ce qui peut éventuellement remettre en question son Devenir. Qui peut traverser le cycle sans se brûler les ailes, trébucher et finalement tomber et se perdre ? La Vierge Marie aurait-elle le même pouvoir salvateur que son Fils ? Que de questions se posent au pénitent dans ce maquis métaphysique, ésotérique, et peut-être plus lisible dans les formes exotériques de ce Mystère ?

Nous touchons ici le point sensible de la mariologie chrétienne, liée de surcroît au dogme trinitaire, qui fut et reste à l'origine de discordes, voire de séparations entre chrétiens, laissant l'Église Romaine seule dans sa théologie mariale parfois excessive aux regards extérieurs. La religion catholique n'est pas seule à vénérer Marie. Nous retrouvons Marie en Islam et son Fils Jésus.

Entre le Catholicisme et l'Islam, s'il y a des points de convergences indiscutables sur ce sujet, de grandes divergences subsistent y compris dans le protestantisme et même dans l'Église Orthodoxe.

*

Nous tenterons d'évoquer essentiellement le culte marial dans nos écrits. Celui-ci prend naissance au lendemain même de l'Ascension de Jésus. En ce jour de la Pentecôte les Apôtres, réunis en Assemblée sous l'impulsion de l'Esprit-Saint, « élisent » Marie Mère de Jésus et la place au sommet de leur « congrégation » et au cœur des louanges de leur Seigneur. A ce moment-là, l'action de Saint-Paul et de sa théologie sont encore lointaines. Il n'est pas encore question de Christianisme, si toutefois ce fut l'intention des apôtres de faire « schisme » avec la Torah. L'Assemblée des Apôtres représente une réunion de disciples d'une branche du Judaïsme « adeptes » de Jésus aux côtés d'autres communautés juives, des sectes du Judaïsme. Hélas, secte, ce mot dénaturé de nos jours, désigne sans aucune autre intention les diverses sensibilités du Judaïsme : Ésséniens, Pharisiens, Zélotes etc., et les Judéo-Chrétiens. La fracture entre cette dernière branche et le Judaïsme s'opèrera dans des circonstances fort complexes qui s'amorceront avec Saint-Paul. Celui-ci se « brouille » avec l'évêque de Jérusalem, l'apôtre Jacques-le-Juste, pour des raisons essentiellement doctrinales et disciplinaires propres au Judaïsme. La partition avec celui-ci sera totalement consommée peu avant le premier concile de Nicée en 325 (1)

(1) Selon l'Ordre de Melchisédech de Pol de Thugny.

Ce premier concile est capital et ses actes seront complétés par les suivants. Il sera question de la théologie trinitaire et donnera lieu à un long débat quant à la double nature de Jésus et au rôle de Marie dans le cadre de cette configuration, mais cela prendra encore du temps. Ce que ne reconnaîtront qu'en partie les Musulmans plus tard. Cependant l'Islam reconnaitra en Marie : l'Immaculée Conception.

Saint Bernard s'exclama scandalisé en s'adressant par courrier aux chanoines de Lyon en 1139, du faste donné au 8 Décembre 1190 à Lyon en l'honneur de « l'Immaculée Conception » ! Il dira « *Est-ce pour autant que nous sommes moins dévots que nos Pères ?* » En revanche Bernard ne réfute pas que Marie fut sanctifiée dans le sein de sa Mère Anne (*Hanna*).

*

Cependant Saint-Bernard poursuivra et développera le culte marial sur le principe de Marie co-rédemptrice. C'est une véritable « campagne » en faveur du culte de Marie sur cette base à une époque troublée où l'unité de l'Église et même du Saint-Empire se trouvent fragilisés. Les Croisades placées par Saint Bernard même sous le double patronage de Marie et de Jésus devrait stimuler la foi grâce à un réseau d'abbayes cisterciennes initié par le saint homme sur le modèle de l'abbaye de . Certaines de ces communautés allemandes s'attachent à parachever la vénération de la Vierge pour le salut des chrétiens. C'est sur cette base que dès les 12ième et 13ième siècles s'élaboreront les premiers chapelets médités conçus notamment dans les maisons cisterciennes de la région de Trèves et particulièrement à l'abbaye d'Himmerod, nommée le « Clairvaux allemand » et aussi à l'Abbaye de Saint Thomas-sur-Kyll proche de Trèves. On ne pourra pas réfuter l'influence orientale importée par les Croisées dans l'élaboration des premiers chapelet à grains, qui deviendront plus tard les Rosaires grâce à quelques Chartreux de Trèves venus fonder la chartreuse de Marienfloss près de Sierck au Duché de Lorraine.

En fait « l'épopée » du Rosaire commence vraiment avec Saint Bernard qui insuffla son esprit dans cette entreprise. Mais avant de trouver une unité de prière dans l'Église, il fallut du temps et de la patience.

L'idée de la répétition de la prière repose certainement sur une conception orientale proche du mantra, si on ose dire. En ces temps, la prière sous la forme de la salutation mariale reposait sur le principe de la purification et de la pénitence, d'où le nom de pardon des premiers Angélus. L'idée d'adosser la répétition de l'Ave sur la structure des Psaumes de David fait son chemin. L'association du Saint Nom de Jésus à celui de Marie est à l'origine de l'Ave Actuel.

Finalement l'Ave est conçu comme une prière christocentrique. Jésus apparait au centre de celle-ci, ce fameux centre que le croyant doit rechercher avec l'aide de la Vierge et de l'Esprit-Saint conformément au « Symbole des Apôtres » conçu à la Pentecôte.

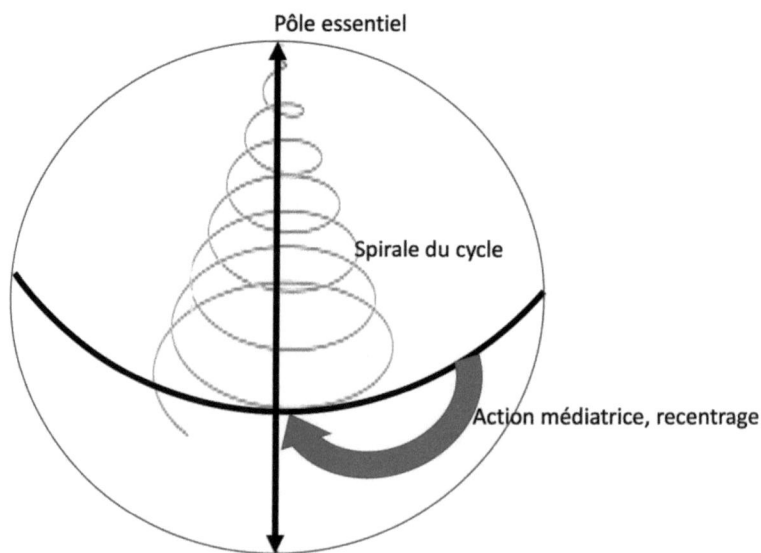

Chapitre premier

Le Rosaire et la théologie mariale

1
Salve Regina

« Je mettrai une inimitié entre toi et la femme, entre ta postérité et sa postérité ; celle-ci te meurtrira à la tête, et tu la meurtriras au talon. »
Genèse 3. 15.

Cette phrase divine est considérée par la Bible comme un « Protévangile » selon le Chanoine Crampon. Ce serait le premier linéament de l'Évangile ou le premier trait qui sert à désigner le Messie et bien entendu sa Mère Marie. Cette médiation se mesure sur la courbe médiane de la Spirale du cycle, ou du cycle personnel de chacun, par rapport à l'échelle de l'absolu, qui permet la réalisation axiale de tout croyant avec l'aide de la Vierge Marie médiatrice de toutes les grâces.

Le cantique bien connu *Salve Regina* ne date pas d'hier, ni des derniers siècles :

« Vers vous nous élevons nos cris, pauvre exilés malheureux enfants d'Ève !
Ad te clamatus éxules filii Hewe ! »

Le cantique du Salve Regina, s'achève par :

O pia, o clemens, o Dulcis Virgo Maria !
Ô miséricordieuse, ô douce Vierge Marie !

Ces dernières paroles furent ajoutées au corps du texte du cantique par le Père Abbé Bernard de Clairvaux lui-même au soir de Noël 1146 dans la Cathédrale même de Spire, *Speyer*, au Palatinat lors de son voyage en Allemagne.

Ce cantique représente une première invocation mariale, bénéfique pour le « pèlerin », car il associe étroitement le nom de Marie et de Jésus :

> « *Et après cet exil, montrez-nous Jésus, le fruit béni de vos entrailles.* »
>
> « *Et Jesum, benedictum fructum ventris tui, nobis post hoc exilium ostende.* »

L'association étroite des noms de Marie et de Jésus, prononcés et répétés, est source de grâces sanctifiantes. En effet ce sont les paroles mêmes de l'Archange Gabriel lors de son apparition à Marie, auxquelles a été ajoutée la seconde partie de la salutation mariale : « *... maintenant et à l'heure de notre mort.* » La fin de la prière s'achève, nous l'aurons relevé, par l'évocation de la « mort » c'est-à-dire les fins dernières. Ainsi, entre Marie et la mort apparaît Jésus au point central de la prière, figure du recentrage du pénitent.

Saint-Bernard, nous venons de le lire, chanta le *Salve Regina* à Spire quand il alla prêcher la Sixième Croisade dans toute l'Allemagne. Mais avant cela il passa quelques temps en Lorraine pour y rencontrer certaines abbayes et le Duc de Lorraine. Cette dernière rencontre avait un double objectif : probablement l'installation des Chevaliers Teutoniques sur le territoire de Sierck, situé à l'extrémité du Duché entre Metz et Trèves, et trouver, voir obtenir, un espace utile à l'implantation d'une abbaye cistercienne. Dans la philosophie chevaleresque, l'un n'allait pas sans l'autre. Le fondateur de l'ordre cistercien veilla à doter les Chevaliers du Temple et les Hospitaliers de statuts particuliers répondant à leur état de moine-soldat, qu'ils étaient, sous le patronage de la Vierge Marie et de Saint-Jean Baptiste. (1)

(1) René Guénon dans Saint-Bernard aux Éditions Traditionnelles, avec *imprimatur*.

On peut penser, bien qu'aucune référence historique n'en fasse mention depuis 1047, que l'ancienne Abbaye Cistercienne près du château de Sierck-les-Bains en Lorraine ait pu être fondée à la suite du passage de Saint-Bernard. Lors de son séjour à Sierck l'abbé de Clairvaux réalisa de nombreux miracles et précisément en l'Église du domaine ecclésial de Rettel dont Sierck dépendait.

Saint Bernard fut à l'origine d'un grand mouvement de redressement, non seulement de l'Église Romaine mais aussi de son clergé installé dans le luxe. De même il intervint dans ce sens auprès des Principautés et des Royaumes du Saint-Empire. A cette époque, l'Europe était une réalité, le Christianisme et la civilisation européenne ne faisaient qu'un.

En 1145, les principautés latines d'Orient étaient menacées par l'Émir d'Alep. Aussi le Roi de France Louis VII envisageait-il de leur porter secours. Il chargea Saint-Bernard de prêcher une nouvelle croisade. Moine-chevalier lui-même, Bernard avait donna sa règle à l'Assemblée des Blancs Manteaux, la Rose éblouissante de Saint Michel affiliée à la *flos Carmelis* du Mont Carmel en Terre Sainte. (2)

Saint Bernard aimait à donner le titre de Notre Dame à la Vierge Marie, au sens chevaleresque du mot, tel que l'entendaient les Chevaliers dans « l'amour courtois ». Bernard est certainement à l'origine du culte Marial reconnu dans l'Église et dans tout l'Occident. Ce culte a donné lieu à une multitude de légendes et de mythes dans l'imaginaire populaire où la Vierge se tient au centre du récit.

Nous faisions allusion plus haut aux blancs Manteaux Protecteurs, analogues aux fameux scapulaires de *flos carmelis*. La spiritualisation de la chair, dévolue à la Vierge Marie, on peut le penser, est liée à sa spécificité miséricordieuse. On retrouve cet aspect dans les litanies mariales sous le vocable de « refuge des pêcheurs ». Marie est appelée à se manifester dans le purgatoire, comme le confirme les paroles qui lui sont attribuées :

---

(2)Jean Tourniac dans « Vie Posthume et Résurrection dans le Judéo-Christianisme chez Dervy ».

> « *Si au jour de leur passage dans l'autre vie, ceux qui portent le scapulaire du Mont Carmel, sont amenés au purgatoire, moi la mère de Grâce, je descendrai au purgatoire le Samedi après leur mort et je délivrerai ceux que j'y trouverai et les ramènerai à la montagne sainte et à la vie éternelle.* » Jean Tourniac dans Vie Posthume et résurrection dans le Judéo-Christianisme chez Dervy.

Cet excursus sur l'épreuve du feu subie par les âmes au purgatoire que Marie abrège, justifie pleinement le dernier mot de la dernière phrase de l'Ave : mort.

> « *L'Ave Maria contient comme joyaux incrustés les noms de Jésus et de Marie. En prononçant simultanément ces deux noms sacrés, l'Esprit accomplit en nous le mystère de l'Incarnation et de la Transfiguration, de la Purification et de l'Illumination. En disant « Marie » l'âme s'identifie à la Substance Primordiale toujours vierge ; en disant « Jésus », le verbe intellect s'y incarne et la transfigure. Et tout cela est l'œuvre du Saint-Esprit.* »
> Abbé Henri Stéphane dans Initiation à l'Ésotérisme Chrétien chez Dervy.

Nul doute nous avons compris que la récitation répétée du rosaire représente un instrument hautement spirituel qui permet de bénéficier de l'action médiateur de la Vierge Marie pour le salut de l'âme.

C'est à Marienfloss près de Sierck-les-Bains, dans une des abbayes fondées par le Duc de Lorraine en 1238, que les Chartreux venus de Trèves avec le concours de Dominique de Prusse venu de Cologne, instituèrent au début du 15ième siècle le Rosaire Médité. Ceci représente la finalité d'un long processus d'inclusion dans le psautier de paroles de méditation qu'il faut porter au crédit des communautés cisterciennes allemandes.

Monseigneur Pierre Raffin, évêque de Metz, dans sa préface au très beau livre du Chanoine Lecomte intitulé Notre-

Dame de Marienfloss, berceau du Rosaire aux Éditions Esdé
Domini, écrit :

> « *La grande richesse de Marienfloss est d'être la source principale
> du Rosaire. Monsieur le chanoine Lecomte rectifie à juste titre la
> fausse légende qui attribue au fondateur des Frères Prêcheurs
> l'institution du Rosaire, alors que la paternité en revient aux
> Chartreux de Trèves et de Marienfloss, au début du 15ième siècle,
> notamment à Dominique de Prusse de Cologne.* »

Afin de nous plonger dans le rôle de la Vierge Marie
médiatrice de toutes les grâces et du Rosaire, nous en profiterons
pour découvrir Marienfloss, son « Berceau » qui représente
l'occasion idéal de la présente étude. La découverte de ce site
marial, peu connu hors des régions mosello-rhénanes, fut un
temps un pôle spirituel important. Après avoir visité en 1988 le
Grand-Duché du Luxembourg, un autre haut lieu de vénération de
la Vierge Médiatrice, le Pape Jean-Paul II relevait lors de son prône
dans la cathédrale de Metz :

> « *Le Rosaire mis en honneur par les Chartreux de Marienfloss a
> sûrement soutenu la fidélité du Diocèse de Metz.* »

Jean-Paul II, à qui on souffla cette phrase en arrivant à
Metz, afin de souligner le dévouement du Chanoine Lecomte
dans son entreprise de restauration du site détruit par les
révolutionnaires français, particulièrement féroce, n'ignorait
certainement pas que la région nord de la Moselle firent partie de
l'archidiocèse Trèves, *Trier*, et plus à l'Est du diocèse de Spire,
Speyer, depuis l'arrivée du Christianisme en Allemagne jusqu'au
Concordat de 1802.

*

2
Marienfloss et les Chartreux

Pour la bonne intelligence du contexte religieux à l'époque jusqu'au Concordat de 1802, la région de Sierck était comprise dans le diocèse de Trèves avec le Luxembourg proche et relevait de la Paroisse de Perl, actuellement en Sarre, Perl étant également le siège du « décanat » du même nom. Cette époque où les structures administratives de l'Église se confondaient avec la structure administrative politique, explique les rapports réguliers entre Sierck au Duché de Lorraine et la métropole tréviroise, siège de l'Électorat du Saint-Empire. Cependant la Lorraine s'étendait largement au-delà des frontières politiques modernes actuelles.

A remonter à partir de Sierck le fil du « Ruisseau de Montenach » de cette mythique vallée, le promeneur découvrira un environnement boisé, encaissé et accidenté, dans lequel une eau fougueuse a trouvé son chemin entre les nombreux rochers laissés tels que depuis de nombreux millénaires. Le visiteur ne manquera pas non plus d'associer ce paysage sauvage à ceux qui ont généralement accueilli des sites druidiques.

Ravagé par la Révolution, le site de Marienfloss n'a conservé que la sacristie de l'église du couvent. La population locale restée attachée à ce lieu de dévotion a amené le Chanoine Lecomte archiprêtre et curé de Sierck à transformer au siècle dernier ce vestige en chapelle et en lieu de mémoire. Depuis, Marienfloss reprend une part dans les manifestations mariales de la région. Son architecture originale du 14ième siècle, intacte, témoigne sans aucun doute, par ses symboles, de l'authenticité du site construit en 1342 sous l'égide de Matthieu II, Duc de Lorraine.

Rares sont les sites religieux chrétiens qui ne furent pas édifiés sur des ruines ou sur les fondations mêmes de temples païens dédiés à des divinités anciennes druidiques, romaines, voir à des époques antérieures. Aucune trace historique ne le confirme. Cependant la toponymie de la Vallée relève quelques indices révélateurs analogues à ceux qui entourent généralement d'autres sites druidiques convertis au Christianisme. La persistance tardive des croyances druidiques dans nos régions fut l'objet d'une christianisation radicale notamment après le passage de Saint-Bernard.

La vieux cadastre indique à l'Est de Sierck et de sa forteresse, sur la rive droite de la Moselle, peu avant l'embouchure du ruisseau, une localité de nos jours disparue nommée Bruch, une des premières paroisses de l'archevêché de Trèves patronnée par Saint Laurent. Cette église a brûlé avec le village entier vers l'an 980. Or, les plans ne relèvent aucune marque d'un quelconque site religieux ancien à l'emplacement de l'ancien couvent située sur la rive droite même du ruisseau.

Le toponyme de Bruch

Bruch signifie endroit humide où jaillit une source, marais, marécage. De nombreux endroits, lieux dits ou villes portent un nom dérivé de Bruch comme Bruges par exemple. Source en allemand, *der Brunnen* ou en dialecte local *de Buer,* peuvent être directement rapprochés à Borvo, une divinité celtique vénérée dans des lieux comme la Bourboule, pour seul exemple. En effet le site de Marienfloss se révèle marécageux grâce aux nombreux points d'eaux ou sources qui jaillissent du flanc de la colline.

L'examen de la carte de la vallée de la Bruch dans les Vosges révèlent un certain nombre de caractéristiques environnementales communes avec la Vallée de Montenach. La Vallée de Bruch bien plus étendue que celle de Marienfloss, comprend de nombreux villages parmi lesquels on notera une série de saints patronages tels que Saint Georges, Saint-Blaise,

Saint-Nicolas, Saint Michel. Tous ces saints aux origines chrétiennes discutables, hormis Saint Michel, probablement liés à la mythologie celtique, figurent dans la catégorie des saints sauroctones liés à l'eau et à la chasse aux démons. En effet à Montenach dans la vallée on relèvera un site de dévotion aux saints auxiliateurs.(1) Enfin Bruch et la Bourboule en Auvergne, pour ne citer que ceux-ci, furent patronnés dans l'antiquité par le dieu celtique Borvo le guérisseur vénéré auprès de nombreuses sources. Borvo précède le dieu romain Apollon également grand guérisseur. Le village de Bruch, près de Sierck, nous le remarquions plus haut possédait une église patronnée par Saint Laurent. Or celui-ci remplaça Apollon au moment de la christianisation de la Gaule. Apollon était en couple avec la Déesse Sirona. Celle-ci, guérisseuse présidait les fontaines.

Aucun fait matériel historique ne permet d'affirmer, que le lieu préchrétien de Marienfloss fut présidé par une divinité païenne au cours de la période antique qui précéda le Christianisme. Le couple Apollon, le soleil protecteur et guérisseur, et Sirona déesse des eaux, préside l'abondance. Celle-ci est représentée avec une corne d'abondance et quelquefois avec un serpent thérapeutique qu'elle nourrit.

Si Saint Laurent a succéda à Apollon, qui lui même a succédé à Borvo, qu'en est-il de la succession de Sirona ? C'est la déesse celtique Épona. Où était-elle située ? On retrouvera sur le territoire de Marienfloss, le village de Rustroff, une des plus anciennes églises de l'Archidiocèse de Trèves, patronnée de nos jours par Saint-Martin (patron éponyme), le chevalier romain avec Notre Dame des Sept-Douleurs qui apparaît affiliée à Notre Dame de Marienfloss.

*

(1) Voir le livre d'Alphonse Gambs intitulé « La Chapelle de Saint Cyriaque Montenach » aux Éditions Gérard Klopp.

L'appellation Marienfloss

Revenons à Saint-Bernard. Les cisterciens étaient réputés pour leur assèchement méthodique des marais, d'où leur appellation de Cistel qui signifie roseau. Ils furent également réputés pour leur combat sans merci contre le paganisme à une époque où le druidisme persistait dans les zones accidentées comme ce fut le cas dans la région mosello-rhénane. Nous sommes en 1147 et Saint Bernard fut missionné par le pape pour sermonner les évêques de leur tiédeur face au paganisme persistant auquel la population d'alors s'attachait pour leurs précieux remèdes miraculeux. Et ceci fut primordial en ces temps. Il fallut donner aux populations le change, ce qui explique les nombreux lieux de dévotion qui auront tendance à voiler l'essentiel du passé païen lors de leurs pèlerinages aux fontaines. Saint Laurent protège des inondations, le Val de Marienfloss a payé un lourd tribut dans ce domaine. Au 3ième siècle le pape Saint Sixte II subit le martyr du feu, trois jours avant celui de son diacre Saint-Laurent. Il représente le saint patron d'une bonne mort, entendons sainte.

l'appellation Marienfloss n'apparaît pas dans des actes fondateurs du Couvent de Marienfloss, érigé en 1242 à la demande de Matthieu II Duc de Lorraine. Le mystère règne autour de cette appellation qui semble appartenir à la tradition populaire. A titre d'exemple : en 1292, le site est nommé « le couvent de Sainte Val Marie (*Marienthal*) » à Bruch-lès-Sierck, en 1297, 1308, 1350 et 1409, Couvent de Bruch et encore en 1414, « le couvent de Marienfloss autrefois dit Bruch ». Enfin, on cite en 1625 : *Marienflosser Bruch*, ban de Rustroff. Le cadastre actuel mentionne encore le nom de ce « canton » (Bruch).

Marienfloss, traduit en français, signifie le Ruisseau de Marie. Cependant qui n'a pas tenté, compte tenu du fait de sa création après le passage de Saint-Bernard, de rapprocher le *floss* de Marienfloss du *Flos Carmelis*, le Mont Carmel en Terre Sainte lié également à Saint-Bernard. Nous avons déjà évoqué les relations de l'abbé de Clairvaux avec le Mont Carmel, *Flos Carmelis* qui signifie la rose du Carmel. Un Ave Maria est souvent symbolisé par une rose. Mais rien ne le confirme dans ce domaine, *Marienfloss* en allemand ou *Märieflass* ou encore *Mergeflass* en dialecte signifie bien « le Ruisseau de Marie » qui à notre sens provient de la tradition populaire très attachée au culte marial, et pour cause!

Jean Tourniac dans son ouvrage «Vie Posthume et Résurrection dans le Judéo-Christianisme», note à propos du Mont Carmel, tel que nous l'avons déjà cité, que la Vierge Marie venait au secours des morts au purgatoire, grâce au scapulaire. Il cite qu'il se trouve en Irlande le « Purgatoire de Saint-Patrick », un antique lieu de pèlerinage au milieu d'un grand lac « *Lough Derg* » où les pèlerins pratiquaient jusqu'à la fin du Moyen-âge une véritable mort initiatique de trois jours et trois nuits. Encore de nos jours les pèlerins doivent au cours d'une veillée déambuler pieds nus ou à genoux pratiquant la prière continue du Rosaire. Comme le fait remarquer Jean Tourniac, la configuration du site est symbolique : désert, traversée d'eau et caverne souterraine, symbole de la porte de l'autre monde.

Coïncidence ? Marienfloss fut un centre de pèlerinage, et selon monsieur Alfred Gelz dans « *Die Mosel von Rettel bis Schloss Thorn* », les pèlerins se rendaient à Marienfloss pieds nus. Et chose remarquable dans cette vallée que les anciens nommaient la « Vallée de l'Enfer », on trouve de nombreuses cavernes ou grottes souterraines, notamment l'une d'elle selon la légende relierait la surface de la terre à son centre : l'enfer. C'est en effet troublant. Chose encore curieuse, c'est à la vigile du Jour des morts à l'église de Rettel, les dévots récitaient, donc la nuit, une série d'Ave pour les âmes dans les flammes du Purgatoire, au cours d'un rite déambulatoire entre le narthex de l'église et le cimetière qui entoure le corps de l'église.

Enfin, pour conclure à propos de l'environnement proche de Marienfloss, on peut citer un monticule proche nommé Klauss, mot de la même racine germanique que *Schleuse* (écluse), qui accueillait jadis un ermitage sur lequel on construisit une chapelle dédiée aux saints auxiliateurs, au nombre de 14, chiffre symbole des sept planètes et des sept cieux. Coïncidence encore, la chapelle du site, modeste, fut toutefois construite, sur les hauteurs de Montenach, selon l'idée de l'octogone (?), ce qui indique un lieu de passage médiateur entre ciel et terre, comme le précise à nouveau Jean Tourniac à propos du sanctuaire construit dans cette forme à huit côtés sur l'île du Purgatoire de Saint-Patrick.

Tout cela est bien entendu énigmatique et ne prouve rien si on se place dans le seul domaine des réalités scientifiques de l'histoire. Cependant on ne peut pas rester indifférent à ces coïncidences qui, somme toute, sont courantes dans le domaine de l'histoire des sites chrétiens après la chute du paganisme.

Les premières réalisations cisterciennes de saint Bernard dans le Saint-Empire

3
Aux origines lointaines de la méditation du Rosaire

Selon Andreas Heinz, dans son ouvrage intitulé « Louange des Mystères du Christ, Histoire du Rosaire », traduit de l'allemand en français par sœur Genevefa Guerville chez Téqui éditions, les origines de cette spiritualité méditative apparaissent dès le début du 13ième siècle au couvent cistercien de Saint Thomas-sur-Kill, situé dans un faubourg de Trèves. De ce lieu s'est répandu cette pratique du Rosaire dans toute la Rhénanie, principalement à Trèves, Cologne, Coblence, Mayence et Strasbourg. On y ajoutera Sierck/Marienfloss entendu que cette partie du Bailliage d'Allemagne du Duché de Lorraine se situe dans l'orbite de Cologne par sa dépendance à l'Archevêché de Trèves. C'est dans l'espace mosello-rhénan qu'apparaît cette façon d'approcher le mystère de la prière. On ajoutera à cette liste, Liège proche du Rhin et Nuremberg bien entendu en dehors de la sphère rhénane.

Les abbayes cisterciennes fondées par Saint-Bernard lui-même, il est bon de le préciser, ont pu être érigées qu'avec l'agrément et le concours financier et matériel des autorités épiscopales et princières rhénanes, sachant que l'Archevêque de Trèves fut grand Électeur et comte du Saint-Empire et que son influence politique s'étendait à travers toute l'Allemagne. Notons au passage qu'au 15ième siècle Jacques de Sierck, ami du Cardinal de Cues, siègera sur le trône épiscopal de Trèves.

Saint-Bernard avait créé de son vivant soixante communautés cisterciennes. Celle de Marienfloss a vu le jour un siècle après le passage à Sierck de l'abbé de Clairvaux. Je reste personnellement convaincu qu'il en est l'initiateur et que ce décalage dans le temps est du aux difficultés dans les longues démarches qu'avait d'ailleurs entamé Bernard lors de son passage à Sierck en 1143 et en Lorraine. Le saint homme avait connaissance des domaines ducaux et abbatiaux laissés en friche ou à l'abandon depuis des siècles pour certains et qui pouvaient convenir à l'installation d'une future communauté cistercienne, précisément à Marienfloss. Il s'en était remis au Duc de Lorraine pour la réalisation, l'abbé étant en voyage constant et sillonnant l'Europe. On admettra donc que Marienfloss représente une initiative bernardine personnelle. Marienfloss a pu « démarrer » avec le concours logistique et spirituel des cisterciennes, à la demande même du Duc de Lorraine et poursuivre l'œuvre du fondateur de l'ordre.

Matthieu II en 1328 fit donc appel aux cisterciennes de Saint-Thomas-sur-Kill, pour rendre « opérationnelle » Marienfloss. On n'imagine plus de nos jours la profondeur de la piété mariale telle qu'elle se pratiquait au Moyen-Âge autour du mystère de Jésus fait homme, fils de Dieu et de Marie co-rédemptrice.

À partir du principe de la méditation du psautier traditionnel, à l'image de la structure des cinquante psaumes de David, les moniales cisterciennes proposeront de méditer les mystères de Jésus au cours de la récitation de cent-cinquante Ave. Cette idée n'est pas neuve, elle date de l'époque patristique du début de l'ère chrétienne et s'est développée chez les moines itinérants irlandais au cours du Moyen-Âge, sachant que pour beaucoup de ceux-ci, issus du druidisme, avaient embrassé le christianisme. Or le druidisme, si on ose dire, était empreint d'une forte tradition spirituelle méditative et lyrique. Le psautier reflète en quelque sorte l'idée de la psalmodie druidique. Cette tradition est à l'origine de la tripartition du psautier à l'origine la configuration trine du Rosaire. Et on peut admettre que l'aspect trine de la manifestation divine dans la religion druidique, symbolisée par le tréban, ait pu influencer les moines dans ce sens.

Les Chartreux trévirois commenceront un temps à s'intéresser aux pratiques cisterciennes, très en vogue dans la Vallée du Rhin. L'histoire dit que leur projet prit naissance lors de l'Avent de l'année 1409 par une première méditation dans le cercle des communautés cisterciennes.

Les moniales de Marienfloss après deux siècles de vie misérable dans une vallée humide et boueuse du Ruisseau de Montenach, usées et fatiguées par des travaux de culture difficiles à un endroit propice aux débordements importants du Ruisseau du ban de Rustroff très accidenté, furent finalement relevées de leurs vœux et rejoignirent un repos bien mérité chez une communauté proche à Bouzonville, laissant les bâtiments de leur communauté, vides.

C'est dans ces circonstances que Marguerite de Bavière, la duchesse de Lorraine, malheureuse dans son mariage, se réfugia au château de Sierck. De noblesse allemande, déracinée dans un environnement étranger à Nancy francophone, ses origines rhino-bavaroises comme l'indique son nom, l'encourageait à se rapprocher de Trèves où elle possédait de fortes amitiés, notamment avec le Chartreux Adolphe d'Essen, qui fut également son confesseur.

Son époux, le Duc Charles II à sa demande contribuera à la fondation d'une chartreuse sur le domaine laissé vacant de Marienfloss. Dans la citadelle de Sierck, plus proche de sa culture, elle fonda l'hôpital dit des Allemands. En effet les Chevaliers Teutoniques y étaient déjà installés.

Finalement Adolphe d'Essen lui-même acceptera de devenir le prieur de la nouvelle chartreuse de Sierck-Marienfloss, filiale de la Chartreuse de Trèves elle-même dépendante de Cologne. Adolphe ne viendra pas seul, il s'installe avec trois convers, des chartreux non-prêtres. Dominique de Prusse viendra les rejoindre.

Celui-ci mettra au point de nouvelles clausules de méditation à la lumière des mystères de la vie de Jésus. Le Rosaire médité est définitivement mis au point à Marienfloss où il est inauguré si on peut dire.

Mais la Chartreuse de Marienfloss aura duré seulement quelques années. En effet Adolphe d'Essen est rappelé à Trèves, ainsi que Dominique de Prusse, alors que la chartreuse de Cologne reprend le domaine ainsi que celui des bénédictines de l'abbaye de Rettel. Ainsi prend fin « l'épopée » du Rosaire médité à Marienfloss mais il continuera à Rettel et dans toute la Rhénanie. Et son histoire ne s'achève pas ici...

4
Ad Jesum per Mariam

Au début du 8ième siècle l'antienne de l'offertoire de la messe du Dimanche de l'Avent réunit en une seule formule la salutation à Marie par l'Archange Gabriel et les paroles de Sainte Élisabeth à Marie, telles qu'elles figurent dans l'Évangile de saint Luc. L'Ave Maria, la prière prenait naissance.

L'évêque de Paris, Eudes de Sully, le constructeur de Notre Dame, avait déjà entrepris en 1198 certaines réformes dans la liturgie de la messe, de sorte que les fidèles soient placés au cœur de la liturgie et dans une pleine communion avec l'Eucharistie. En transformant l'antique « élévation près du cœur » pour une grande et majestueuse élévation, il permit à toute l'assistance des fidèles l'adoration directe du Corps du Christ. Ce geste annonce la volonté de placer l'assistance au cœur du mystère eucharistique et d'une façon générale au cœur même de l'Église. Ce mouvement prendra de l'ampleur jusqu'à nos jours. Plus tard apparaîtra l'idée de mettre en égalité l'Eucharistie, le Crédo et l'Ave. Depuis, la récitation du Rosaire débute par l'association du Crédo, du Pater et d'une évocation à la Sainte Trinité. C'est une véritable théologie mariale qui se développe par l'union étroite de Jésus avec Marie. Bien plus tard, une bulle du pape Pie V en 1609 canonisait l'Ave Maria par l'ajout d'un second volet : « *Sainte Marie, Mère de Dieu priez pour nous pauvres pêcheurs, maintenant et à l'heure de notre mort, amen* ».

L'Ave prit soudain de l'importance dans la dévotion populaire. C'est par groupe de dizaines d'Ave que les fidèles accomplissaient leur dévotion à la Vierge. Ainsi dès 1240 naissait naturellement et en toute logique le « Psautier de Marie » composé de trois fois cinquante Ave pour former un ensemble de cent cinquante prières à l'imitation du psautier liturgique. Dès lors celui-ci se nomma « Rosaire » : une couronne de roses soit *Rosenkranz* en allemand.

C'est à présent une véritable théologie du chapelet qui se développe. Adolphe d'Essen, moine chartreux de Cologne, finalisera cette œuvre avec le concours de Dominique de Prusse, également cartusien et même avec celui de Marguerite de Bavière, la Duchesse de Lorraine. Les Chartreux installés à Marienfloss près de la cité ducale de Sierck, en codifiant ou en instituant le Rosaire, lui apporteront une forme cohérente tout en respectant dans sa conception l'association intime du message évangélique avec la salutation mariale répétée.

Les cent-cinquante Ave récités d'une seule traite, même « bien mâchés » comportent pour le récitant un risque de diversion. Nous connaissons tous ces pensées vagabondes qui nous envahissent à l'écoute d'un discours répétitif. Alors l'essentiel s'éloigne de nos cœurs. En effet la méditation est un exercice difficile qui exige une attention soutenue, c'est un véritable combat analogue à une lutte contre le sommeil.

Les chartreux avaient-ils vu dans cette récitation continue et répétitive une forme de prière « à l'orientale » que sont les mantras sonores ?

L'idée, que chaque Ave accompagné d'une réelle méditation produise un fruit précieux, vint à l'esprit d'Adolphe d'Essen : chaque Ave produirait-il une rose, une dizaine ; un bouquet, une cinquante ; une tresse de la couronne de Marie et enfin les cent cinquante Ave composeraient le « Verger de Marie » ou la Roseraie : *der Rosengarten* ? L'idée n'est pas nouvelle.

C'est Dominique de Prusse par sa grande imagination et sa foi fougueuse qui mettra au point les fameuses clausules placées au centre de l'Ave, après le mot « Jésus ». Cette méthode représenterait une pause méditative d'une scène de la vie de Jésus.

Ainsi au centre de la prière le récitant plongerait dans une méditation profitable à son âme. Dominique de Prusse dira que la clausule représente une page de la Bible.

Le Rosaire des Chartreux est un exercice difficile. Nous vivons déjà l'époque de la rationalisation et de la codification. Certes il faut au pénitent un canevas qui représente l'expérience d'un homme de piété. La codification est certainement nécessaire lors d'une prière collective, il faut bien l'union dans la prière. Or, le pénitent dans sa chambre le soir avant de s'endormir est-il en mesure de suivre une codification alors que son élan sera de mettre son âme dans les mains du Seigneur. C'est vers le dialogue avec Dieu et la Vierge qu'il va se tourner pour se confier et exposer intimement ses demandes. C'est par la liberté que l'homme trouvera le dialogue secret avec Dieu. C'est l'avis du Père Karl Josef Wallner, Cistercien.

> Karl Josef Wallner né le 24 février 1963 à Vienne est un prêtre religieux autrichien et recteur fondateur de « l'Université Benoît XVI de philosophie et de théologie » à Heiligenkreuz en Basse-Autriche. Wallner est professeur de théologie dogmatique et sacramentelle à l'université et « Pasteur de la Jeunesse ». Il est en outre responsable des relations publiques à l'abbaye de Heiligenkreuz près de Vienne et Directeur National en charge des missions en Afrique. Il anime une émission quotidienne nommée « *Stunde der Seelsorge* – L'heure pastorale (Les soins de l'âme) sur la chaine télévisée autrichienne Ö ktv.

Le Rosaire fut une dévotion presque exclusive dans les couvents jusqu'au 15ième siècle. Mais à partir de l'an 1460, le dominicain Alain de la Roche favorisa la sortie du Rosaire des couvents pour atteindre de nouvelles communautés ouvertes à tous. Cependant sa forme va encore évoluer.

Les cent-cinquante Ave seront récités par groupe de dix, les dizaines séparées du Gloria et d'un Pater et d'une méditation unique pour la dizaine. Une bulle du Pape Pie V confère au Rosaire sa consécration officielle et en fait une prière d'Église.

De nos jours on connait le Rosaire tel que l'a défini *in fine* le pape Pie V sous l'impulsion du dominicain Alain de la Roche dans la tradition du dominicain Dominique Guzman, qui donna l'impulsion évangélisatrice du Rosaire au tout début du 13ième siècle à travers le temps par les religieux de son ordre. Certains s'émouvront de ne pas voir figurer Adolphe d'Essen et Dominique de Prusse comme les vrais fondateurs du Rosaire médité, objet de polémiques discrètes dans les milieux cléricaux. Certes «*c'est toujours le dernier qui ferme la porte du pré aux vaches*», dit un dicton paysan et cela n'est pas pour diminuer le mérite des Chartreux. Cependant c'est Saint-Bernard qui a ouvert la porte du pré aux vaches et cela représente bien l'acte fondateur de la piété mariale que les chartreux et les dominicains ont pris soin de canaliser. Il fallait bien donner à l'Église un support accessible à chacun, et libre à chacun de pratiquer le difficile Rosaire de Dominique de Prusse. Or les réformes liturgiques faisant suite au Concile Vatican II ont fait bien mieux en ajoutant au Rosaire le psautier marial, cinquante Ave supplémentaires et une nouvelle méditation : les Mystère lumineux... Nous vivons à l'heure du développement de la Spirale des Cycles, le temps où on ne cesse de compter, de répertorier et de modifier (*modus*).

Mais pour en terminer avec ce conflit entre les partisans cartusiens et les partisans dominicains, il est utile de rappeler qu'en 1206 la Vierge apparut à Dominique Guzman et lui révéla à cette occasion le Rosaire à une époque pratiquement contemporaine de Saint Bernard de Clairvaux. Enfin Dominique Guzman fut canonisé en 1234.(1)

Nous achèverons cet article, par une phrase d'Andréas Heinz dans son ouvrage « Louange des Mystères du Christ, Histoire du Rosaire », cité déjà par le Chanoine Dicop dans son opuscule « Aux origines lointaines de la Méditation du Rosaire au couvent de Marienfloss »:

(1)Abbé Gabriel Martin dans « Explication de 87 objets liturgiques, chez DFT en 2004.

*« Les Chartreux ont vraisemblablement plus emprunté que créé…
le rosaire compris comme méditation de la vie de Jésus est apparu
plus tôt qu'on ne le pensait jusqu'ici… les Cisterciens ont joué un
rôle capital lors de son élaboration progressive. »*

L'ancienne sacristie de l'abbaye de Marienfloss, 13ième siècle

5
Les Cisterciennes de Saint Thomas-sur-Kyll

Filles de Saint-Bernard de Clairvaux

Le monastère de Saint Thomas-sur-Kyll doit son nom à Thomas Becket, l'archevêque de Cantorbéry et lord chancelier anglais, assassiné par des partisans du roi Henri II Plantagenêt, sur l'autel même de la cathédrale de Cambridge. Ce crime particulièrement scandaleux secoue la chrétienté. Le chevalier Ludwig von Deudesfeld recueille ses reliques et les dépose dans une chapelle à proximité d'une abbaye cistercienne pour femmes qu'il fonde en 1185, et qu'il placera sous la bienveillance de l'abbaye de Himmerod proche. Avec la participation des autres nobles de la région de l'Eiffel allemande, Ludwig von Deudesfeld propage la vénération de Thomas dans les pays germanophones.

Thomas Becket finalement n'offre que peu de liens directs avec la pratique cistercienne de la salutation mariale méditée et mise au point à l'abbaye pour femmes de Saint-Thomas sur Kyll à laquelle il donna son nom. Celle-ci apparait au regard de l'histoire comme le «véritable berceau du Rosaire», qui sera en effet repris par les Chartreux de Marienfloss à Sierck en Lorraine, proche de Trèves également.

Fondé en 1185, soit 48 ans après le passage de Saint-Bernard à Trèves, on ose dire qu'il fut un véritable laboratoire des « Louanges des Mystères du Christ » tel que le rapporte Andréas

Heinz, professeur à la faculté de théologie de Trèves dans son ouvrage du même nom.

Longtemps occultés, les travaux des Cisterciennes de Saint Thomas-sur-Kyll passent inaperçus depuis le 13ième siècle pour finalement tomber dans l'oubli. Or c'est par hasard qu'Andreas Heinz redécouvre tout simplement ces travaux dans les archives municipales de la Bibliothèque de la ville de Trèves, dans un dossier intitulé : *Historische und geistliche Besinnung zum Rosenkranz Gebet* (Réflexions historiques et spirituelles sur la prière du Rosaire). L'ouvrage d'Andreas Heinz, édité il y a quelques dizaines d'années en langue française, n'a pas, semble-t-il, vraiment réussi à rétablir la vérité sur l'histoire de la méditation du Rosaire, attribuée à tort aux Frères Prêcheurs, ceux-ci ayant fait fi des travaux des chartreux Dominique de Prusse et d'Adolphe d'Essen à l'abbaye de Marienfloss en Moselle.

L'ouvrage d'Andréas Heinz n'a cependant pas permis la levée de l'occultation des longs travaux réalisés par les Cisterciennes de Saint Thomas de Kyll. Ces recherches n'ont également pas servi à mettre en exergue l'influence notable, si ce n'est plus, de l'esprit de Saint-Bernard de Clairvaux dans la méditation du chapelet, qui ne se nommait pas encore *Rosaire*.

Les cisterciennes de Saint Thomas-sur-Kyll avaient déjà élaboré un support de méditation de 99 clausules, pour un « rosaire » d'autant de grains. Ce chiffre 99 apparait être une erreur d'un copiste de l'époque qui aurait omis la dernière clausule d'un supposé ensemble de 100 méditations. Ceci parait improbable, il s'agit bien de 99 clausules. Notre époque aime les comptes ronds. En fait ici on reconnaît une marque orientale, qui laisse entendre que le chapelet, c'est-à-dire l'instrument ou le support matériel de la prière, tiendrait ses origines des croisées comme semble l'indiquer le chapelet musulman conçu avec 99 grains, encore utilisé de nos jours par la Communauté Musulmane.

*

Le chapelet musulman

S'agissant d'un objet de piété étranger au Christianisme, mais appartenant à une religion monothéiste et utilisé par les musulmans bien avant la création du chapelet chrétien, nous pensons utile d'intégrer dans le présent chapitre quelques précisions à son sujet.

Chose inattendue dans le chapelet oriental de 99 perles, c'est sa division en trois groupes de 33 grains chacun. Et cela n'est pas sans rappeler la division ternaire du rosaire chrétien. Le chapelet musulman, nommé *masbaha* est utilisé pour le *tasbih*, la récitation des prières, le *dhikr*, ainsi que pour glorifier Allah. Nous remarquerons que *masbaha* signifie « chanter les louanges ; réciter le chapelet » et il conditionné par la lettre sacrée *ha* (souffle divin de la création). L'origine du *masbaha* reste dans l'ombre. Cependant Malek Chabel, dans son dictionnaire des symboles musulmans, précise que ce chapelet venu *ha* des Indes aurait pu être importé par les Soufis. Hautement métaphysique le chiffre 99 est divisible par 9 et indique ainsi la circularité de l'objet de piété. Le centième chiffre est manquant et cela est voulu, cependant il est présent mais invisible car il se rapporte au « Nom de l'Essence », *ismou ad dhât*, et ne peut que se trouver dans le non-manifesté.

Remarques

Cela n'est pas sans rappeler le centre invisible du symbole de la Croix dans l'espace à Sept branches, la septième dans son centre figure l'essence divine. Cela nous rappelle également la parabole du Bon Pasteur (1) Évangile de Thomas - aux cent brebis, dont l'une d'elle a disparu et le berger laissant son troupeau part à sa recherche.

Enfin autre indice de la main de Saint-Bernard dans la conception du Rosaire, c'est l'analyse des 99 clausules des

(1) Évangile de Thomas chez Métanoïa.

moniales de Saint Thomas-sur-Kyll, énumérées par Andréas Heinz à la fin de son ouvrage cité plus haut. Selon son analyse, la quatrième clausule illustre l'opinion du saint homme sur la *sanctifio utero* non conforme au dogme de « l'Immaculé Conception ». Il se prononça contre la célébration de cette fête en 1138. L'auteur Andréas Heinz dit reconnaître les « *idées directrices de la mariologie de Saint-Bernard dans les clausules deux et trois qui accentuent la place de choix donné à Marie dans le plan salvateur de Dieu et sa préfiguration dans l'Ancien Testament.* » D'une façon générale les clausules en question correspondent totalement à l'esprit de Saint-Bernard. Les visions de l'abbesse Elisabeth de Saint-Thomas-sur-Kyll (début du 13ième siècle) sont le reflet de l'esprit de Saint-Bernard dans la manière de méditer les Saint-Mystères.

Les moines fondateurs du monastère voisin d'Himmerod fondé en 1135 qui avaient la surveillance de la maison de Saint Thomas-sur-Kyll, révèlent avoir été envoyés par Saint Bernard même de la maison-mère même de Clairvaux. L'Abbaye d'Himmerod figurait en son temps représenter un « Clairvaux Allemand ».

Conclusion

A la lumière de l'étude d'Andréas Heinz, on comprend mieux à présent que lors de la fondation de l'abbaye cistercienne de Marienfloss au Duché de Lorraine, le duc Matthieu II en 1238 fit appel aux moniales de Saint Thomas-sur-Kyll pour mettre en œuvre cette nouvelle abbaye et respecter ainsi l'esprit de l'œuvre de l'abbé de Clairvaux. Cette initiative ducale, répondait-elle à un testament de Saint-Bernard ?

Marienfloss garde toute sa gloire dans la construction du Rosaire, bien que celle-ci fût reprise par les moines chartreux. L'établissement de Marienfloss en 1238, reste certainement l'initiative même de Saint-Bernard exprimé lors de son passage à Rettel et au Château de Sierck en 1147.

6
A propos de la clausule « quatre »
Saint Thomas-sur-Kyll

Il ne s'agit pas de la conception virginale de Jésus, mais uniquement de celle de la Vierge Marie dans le sein de sa mère Sainte Anne.

L'Église orthodoxe célèbre la fête de la Conception de Marie et nomme Marie l'Immaculée, mais ne reconnait pas le dogme catholique de l'Immaculée Conception, de même que les Protestants ou d'autres Églises chrétiennes d'Orient par exemple.

A ce propos, nous rappelons que le Coran à la Sourate «Trois», il est question de la naissance de Marie, Allah dit à sa mère Anne, *Hanna* :

« *Et moi, je la mets (Marie) sous Ta protection contre Satan* »
Coran 3. 36

Ce qui rejoint la vision des églises hors de la juridiction directe de Rome, pour certaines.

Ainsi en comparant la clausule «quatre» des cisterciennes de Saint Thomas-sur-Kyll avec celle de Dominique de Prusse, nous lirons après la fin de la première partie de l'Ave, donc après le nom de Jésus, s'adressant à Marie :

Cisterciennes
4. Que parce qu'il vous a sanctifié dans le sein de votre mère (qui n'est qu'autre *Hanna* sa mère).

Dominique de Prusse
4. *Que vous avez adoré (Jésus) comme votre créateur et que vous avez nourri de votre sein virginal.*

*

Parmi les 99 clausules des Cisterciennes de Saint Thomas-sur-Kyll, voici celles qui correspondent à l'opinion théologique de Saint-Bernard :

A. Celles qui accentuent la place de choix donnée à Marie dans le plan salvateur de Dieu et sa préfiguration dans l'Ancien Testament.

> 2. Parce qu'il vous a choisie de toute éternité pour être sa chère Mère.
> 3. Parce que ce fut sa volonté que les patriarches et les prophètes vous annoncent en figures.

B. Celle qui illustre l'opinion théologique de Saint-Bernard de la *sanctificatio in utero* qui n'est pas conforme au dogme de l'Immaculée Conception :

> 4. Parce qu'il vous a sanctifié dans le sein de votre mère.

C. Celles qui illustrent la fonction de Marie, Médiatrice de salut :

> 87. Parce que, grâce à vous il réjouit et illumine l'armée céleste
> 90. Parce qu'il comble selon votre volonté ceux qui lui adresse leurs supplications.
> 93. Parce qu'il nous libère par vos mérites de toutes nos difficultés.
> 95. Qui, à cause de vous, fera grâce ici-bas et au jugement.
> 98. Plus précieux que tous les biens qui nous sont échus par vous et qui peuvent nous échoir.

7
À son origine, le Rosaire fut associé aux croisades

Le Pape Urbain II, né à Châtillon-sur-Marne en 1022 sous le nom de Eudes de Châtillon ou de Odon de Lagery, décédé à Rome en 1099, afin d'assurer la protection de Marie sur les Croisades, engage les fidèles à réciter trois fois par jour la « salutation angélique » dès le son de la cloche.

Cette nouvelle pratique s'est rapidement étendue dans le monde chrétien dès lors et persistera après les Croisades. Depuis Les fidèles restèrent persuadés d'un besoin permanent de protection et cela se remarquait encore au siècle dernier. De fait dans certaines régions, la salutation mariale au son de la cloche se nommait « le Pardon ».

Plus tard sous Louis XI, (1423-1483), l'Angélus tombé en désuétude, fut repris en 1473 au son de la cloche depuis Notre Dame de Paris pour engager les fidèles à réciter l'Angélus comme autrefois.

La fête du très saint Rosaire fut instituée en 1571 par le pape Pie V pour être célébrée tous les 1er Dimanches du mois. Or cette décision repose sur un vœu institué par les autorités religieuses au cours de la guerre de croisée contre les Turcs. Le Rosaire fut à cette occasion instituée activement pour honorer les Mystères de la vie de Jésus et de sa Mère justement en remerciement de la victoire remportée par les croisées chrétiennes sur les Musulmans. Le secours du Rosaire a été d'un recours miraculeux pour la victoire sur la flotte turque le sept Octobre

1571. Les nouvelles victoires sur les Turcs sous les murs de Vienne (Autriche) en 1683 et devant Belgrade en 1716 ont déterminé le pape Clément XI à étendre à l'Église Universelle la fête du Rosaire.

Le pape Léon XIII (1810 à 1903) déclare mois du Rosaire tout le mois d'Octobre. Finalement ce sont les mois de Mai, Août et Octobre qui sont déclarés mois du Rosaires. Or ces trois mois sont réputés pour leurs orages. Ainsi la Vierge placera particulièrement sa protection lors de ces trois mois. Notons au passage une vieille tradition, non chrétienne, certainement déjà en cours dans l'antiquité chez les étrusques par le culte de la déesse Turan. En effet l'orage, les éclairs, le feu et l'eau y tiennent une place majeure. Dans l'esprit de l'Église, ces deux éléments par leurs excès nuisent aux récoltes et cela rejoint pour une part les trois processions des Rogations au début du mois de Mai.

Le culte de la Vierge n'est donc pas récent. Il s'est développé certainement depuis la première Pentecôte où les Apôtres proclament la maternité divine de la Vierge Marie. Au début de la chrétienté, au 4ième siècle Ignace d'Antioche rend hommage à la virginité de Marie. Le 16 Juillet 1251 Simon Stock, général de l'ordre des Carmes est soumis à l'apparition de la Vierge Marie. L'Église Romaine a fixé cette date fête de Notre Dame du Carmel et sanctionna la dévotion du scapulaire. Notons au passage que Saint-Bernard lors d'une visite à l'Abbaye d'Afflighem près de Bruges, salut la Vierge par « *Ave Maria* », celle-ci lui aurait répondu « *Salve Bernard* ! » Au moment de sa mort, en Août 1153 on vit apparaître le Vierge Marie venir chercher son âme. (1)

De nombreuses fêtes mariales sont instituées : la Nativité de la Vierge, l'Annonciation, la Purification et l'Assomption. Nous ne nous étendrons pas sur les nombreuses autres fêtes dans toute l'Église et les nombreuses apparitions et malheureusement sur la disparition quasi-totale des petits pèlerinages locaux.

---

1) Les origines lointaines de la méditation du Rosaire au couvent de Marienfloss par Nicolas Dicop en 1999.

Conclusion

Le culte marial n'est pas nouveau. Il prend véritablement sa source avec Saint-Bernard, « l'Aumônier général » des Chevaliers du Temple si on ose dire. Il est vraisemblable que les Croisés, dont il fut le chef spirituel par leur proximité avec le monde oriental et les musulmans, ont influencé positivement la pensée des Chevaliers et de Saint Bernard sur ses propres méditations à propos du Rosaire et du culte marial en général. A moins que ce ne fut l'inverse ?

Sources « La Liturgie chez Clovis Éditions 2004.

Le Rosaire selon la norme de Saint Pie V

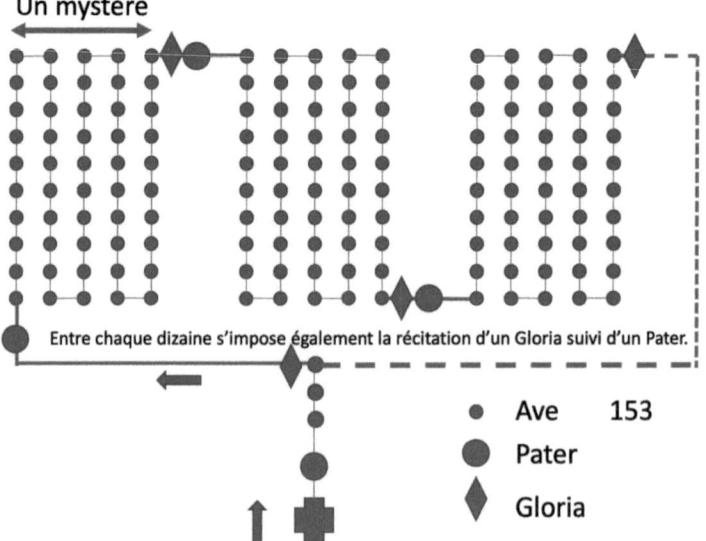

8
Composition du Rosaire selon Pie V
Le déroulement avec les thèmes de méditation

Introduction

Le signe de la Croix et le baiser de la paix sur la croix
Le Crédo, un Pater et trois Ave

Le « Gloire au Père au fils et au Saint-Esprit »

1er chapelet

Mystères Joyeux (Les Lundis et les Jeudis)
Un Pater

L'Annonciation - *L'humilité*
La Visitation - *L'amour du prochain*
L'Incarnation - *La pauvreté de l'esprit*
La Présentation de Jésus au Temple – *La pureté et la chasteté*
Jésus retrouvé au Temple - *L'obéissance*

Le « Gloire au Père au fils et au Saint-Esprit »

2ième chapelet

Mystères Douloureux (Les Mardis et les Vendredis)
Un Pater

L'Agonie de Jésus au Jardin des Oliviers - *La contrition*
La Flagellation - *La mortification corporelle*
Le Couronnement de l'Épine - *La mortification intérieure*
Le Crucifiement et la Mort de Jésus - *L'esprit d'amour et d'immolation*

Le « Gloire au Père au fils et au Saint-Esprit »

3ième chapelet

Mystères Glorieux (Les Mercredis, les Samedis et les Dimanches)
Un Pater

La Résurrection de Jésus - *L'augmentation de la foi*
L'Ascension - *Le désir du Ciel*
La Descente du St Esprit - *La charité*
L'Assomption de la Vierge Marie - *La grâce d'une bonne mort*
Le Couronnement de Marie dans le Ciel - *Une grande dévotion à la Ste Vierge.* (Voir l'excursus « Le sens du couronnement de la Vierge ! »

Le « Gloire au Père au fils et au Saint-Esprit »

Le Cantique du *Salve Regin*a peut être entonné à la fin du Rosaire

Signe de Croix et baiser de la paix sur la croix

*

9
L'annonce faite à Marie

Ce que rapporte l'Évangile : Matthieu 1. 1-25 se contente d'évoquer la généalogie de Jésus en quatorze générations d'Abraham à Joseph :

> *Généalogie de Jésus-Christ, fils de David, fils d'Abraham. « Plusieurs manuscrits répètent dans cette énumération le mot « Roi » et la phrase : « David engendra Salomon ».*(1)

Luc 1. 26-38.

> L'Archange Gabriel apparaît à Marie et lui annonce « *Pleine de grâce, elle concevra un enfant et lui donnera le nom de Jésus. (2) Cet enfant sera très grand et sera appelé Fils du Très-Haut et le Seigneur Dieu lui donnera le Trône de David son père ; il régnera éternellement sur la Maison de Jacob et son règne n'aura point de fin ».*(3)

Ne connaissant point d'homme, Marie s'inquiète :

> « *Comment cela se fera-t-il ?* » L'ange lui répondit : « *L'Esprit-Saint viendra sur vous, et la vertu du Très-Haut vous couvrira de*

---

(1) Note 6 du Chanoine Crampon.
(2) Jésus, soit en hébreu *Ye'schouah*, c'est-à-dire « sauveur ».
(4) Selon une note du Chanoine Crampon : la phrase « *bénie entre toutes les femmes !* » qu'aurait prononcé l'Archange Gabriel en saluant Marie se rapporterait, « selon d'excellents anciens manuscrits comme le Vaticanus et le *Sinaïticus*, au verset 42 », lors de la rencontre de Marie avec Elisabeth.

son ombre. » A cela, Marie répondit « *Je suis la servante du Seigneur, qu'il me soit fait selon votre parole.* »

Elle sera protégée par l'ombre de Dieu, celle qui se manifesta déjà lors de l'exode d'Israël sous forme d'une nuée qui couvrait l'arche d'Alliance.(4) Marie est ainsi devenue le tabernacle de la Lumière, et Jésus l'habitacle de Dieu.

Marie est fiancée à Joseph de la Maison de David. Au regard de la Loi Juive, les fiancés sont très engagés à ce stade des fiançailles au point d'être désignés comme mari et femme. Mais, le mariage ne sera effectif qu'au moment où l'homme conduira sa promise dans sa maison. Au vu de son état, Joseph songea à la répudier secrètement pour ne pas la diffamer, la Loi le permettant encore. Mais, au cours de son sommeil, un ange lui apparaît et lui fit part du dessein de Dieu en Marie toujours vierge. L'ange lui demande de renoncer à la répudier et lui ordonne de la prendre chez lui et de donner le nom de Jésus à l'enfant à venir : un garçon que l'on nommera également Emmanuel.(5)

Par la promesse du Trône de David, Jésus annoncé sera roi. Mais plus encore, il sera nommé Emmanuel au ciel,(6) ce qui signifie « *Dieu en nous* », il possédera la double nature : divine et humaine et sera le Fils du Très-Haut, c'est-à-dire Roi du Ciel et de la Terre. Ces attributions sont en partie celles de Melchisédech : Prêtre du Très-Haut et Roi de Salem repris dans la Genèse 14. 18 et dans le psaume de David 110 « *Tu es prêtre à la manière de Melchisédech* ».(6)

Enfin, la réponse de Marie, Servante du Seigneur, dépasse le simple « *fiat* ». Sa servitude est un écho à la Seigneurie du Christ

---

(4) Ombre, cette métaphore est empruntée à l'Ancien Testament, « om » plusieurs fois le Seigneur se manifesta sous forme d'une nuée qui couvrait l'Arche d'Alliance. Exode, XL. 34 sv - Note du Chanoine Crampon. C'est aussi la face obscure de l'Ange *Makaël* – René Guénon – Le Roi du Monde – Chapitre la *Shekinah* et *Métatron*.

(5) Emmanuel : doctrine des deux natures. Se décompose en *manu*, soit l'espèce

(6) « *L'Esprit-Saint viendra sur vous, et la vertu du Très-Haut vous couvrira de son ombre. C'est pourquoi l'Être saint qui naîtra (de vous) sera appelé Fils de Dieu.* » Nicolas Boon – Au Cœur de l'Écriture – Dervy-Livres – 1987.

comparable à l'union du connaissant et du connu, soumise au Mystère Divin, comme l'indique son voile et le confirme : Luc 1. 35. (7)

Parmi les dix *Sephiroth*, *Malkuth* est aussi appelée : « *La Mère obscure ou la Servante* ». C'est avec ces paroles : « *Voici la servante du Seigneur, qu'il me soit fait selon ta parole* », que l'ère de l'économie de la Rédemption a été inaugurée. Lorsque *Malkuth*, la dernière et la plus basse des dix *Sephiroth* sera définitivement unie à la première et la plus élevée, *Kether* ou la Couronne, alors tout sera accompli dans la perfection de la Paix. C'est cela le sens eschatologique du Mystère du Couronnement de la Vierge, l'humble Servante du Seigneur. A ce titre, elle mérite le nom de « Reine de la Paix ».(8)

L'Archange Gabriel, tant à Marie qu'à Joseph, annonce la Royauté de l'enfant Jésus à venir sur Terre et dans les Cieux, de son sacerdoce selon l'ordre de Melchisédech, de sa mission salvatrice et aussi de sa filiation avec le Très-Haut et enfin de sa double nature divine et humaine. La mission de Jésus sur Terre se place clairement en perspective de celle de Melchisédech et de Dieu avec Abraham.(9) et (10)

(7) Nicolas Boon – Au Cœur de l'Écriture – Dervy-Livres – 1987.
(8) Melchisédech aurait reçu l'onction royale à l'âge de 52 ans par l'ange *Mikaël* au Paradis terrestre. Rapport avec l'onction royale du Messie nommé l ' « Oint ». Voir Nicolas Boon – Au Cœur de l'Écriture – Dervy-Livres – 1987. (1à)
(9) René Guénon dans « *L'homme et son devenir selon le Vēdântâ* », *note que dans d'autres traditions, le Législateur Primordial est aussi désigné par des noms dont la racine est la même que celle du Manu hindou : tels sont notamment le Mènes ou Mina des Égyptiens, le Minos des Grecs et le Menw des Celtes ; c'est donc une erreur de regarder ces noms comme désignant des personnages historiques.* L'auteur précise qu'il s'agit plutôt d'un principe qu'un mythe, qui est proprement l'intelligence cosmique, image réfléchie de *Brahma* (et en réalité une avec Lui), s'exprimant comme le Législateur Primordial et Universel. Il s'agit de l'Adam *Quadmon* de la *Qabbalah* hébraïque ; c'est aussi le « Roi » *Wang* de la tradition extrême orientale (*Tao-te-king*, 35).
(10) René Guénon, Le Roi du Monde – Gallimard 1958.

10
Le sens du Couronnement de la Vierge

La réponse de Marie à l'Archange Gabriel « *Je suis la servante du Seigneur qu'il me soit fait selon votre parole* », n'est pas sans rappeler la prière du Notre Père que l'union de la création avec Dieu doit se réaliser : « *Que ta volonté soit faite sur la Terre comme au Ciel* ». De quoi s'agit-il ? De la Grande Paix, celle du retour de l'humanité à Dieu selon le Pater ou selon le *fiat* de Marie, ce même retour au Père par le Christ. C'est toute la gravité du Christianisme.

« *Personne ne va vers le Père sans passer par moi* » Jn 14.6.

C'est le sens du mot hébreu *Schalôm*, la Paix, qui vient du verbe *Schalam*, c'est-à-dire achever, accomplir ou mener à l'accomplissement. Le M final de ces deux mots, selon la Kabale, correspond au sephirot final de l'Arbre de Vie : *Malkuth*, le Royaume qui ne peut se réaliser que par la soumission ou la servitude à Dieu « *qu'il me soit fait selon votre parole* » Ce M final, proche de l'*amr* islamique traduisant l'acte d'amour-soumission à Dieu, peut-être également comparé à la dernière lettre du l'*AUM* dans les traditions orientales ou encore à la lettre *mimm* de la tradition islamique.

« *Malkuth* », la dernière et la plus basse des dix Sephirots sera définitivement unie à la première et la plus élevée : « *Kether* » soit la Couronne, comme l'Alpha et l'Oméga. C'est le sens du couronnement de la Vierge.

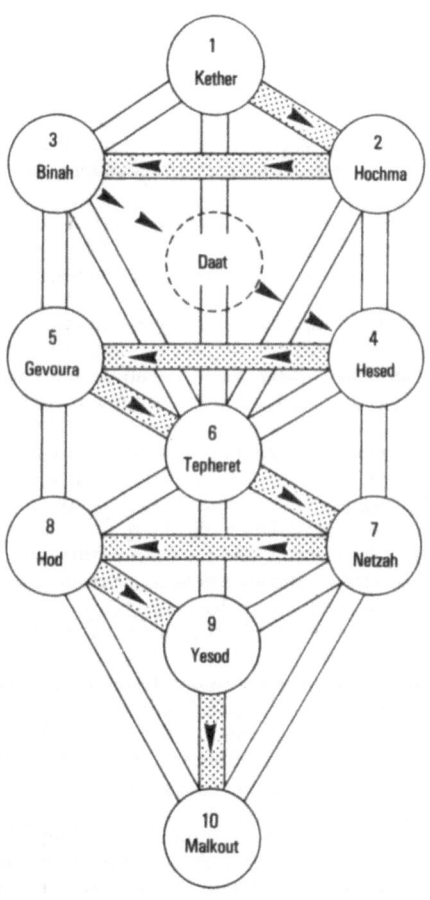

L'Arbre de Vie
Les dix sphéfirots

Chapitre deuxième

Aspects extra-chrétiens du Rosaire

1
La théophanie dans les Trois Mondes

Nous croyons utile de présenter un aperçu de l'AUM (Om) qui précède toute prière ou méditation dans les traditions orientales. Il s'agit d'une invocation symbolisant une théophanie par la reconstruction du monde à venir à la manière de l'invocation précédant toute action de méditation dans le catholicisme.(1)

Le son primordial l'Aum ou l'Om

Les voyelles

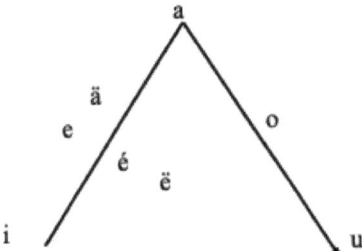

Avant d'aborder le sens de l'*Aum,* révisons les principes de la phonétique.

---

(1)Venez, Esprit-Saint, remplissez les cœurs de vos fidèles et allumez-y le feu de votre amour. Envoyez votre Esprit-Saint, et tout sera créé. Et vous renouvellerez la face de la Terre. Prions. Ô Dieu, qui avez instruit les cœurs des fidèles par la lumière du Saint-Esprit, faites que nous goûtions les douceurs du bien sous l'action de ce même Esprit, et que nous soyons comblés de ses consolations. Par Notre Seigneur Jésus-Christ. Amen.

La voyelle de base, le son primordial est *a*. De *a* tous les autres sons ont été produits. C'est à dire que toutes les voyelles procèdent de *a* et contiennent dans leur essence son principe. Pour ce faire le souffle s'est révélé en *a* pour agir en *u*.

Le son *o* est intermédiaire. Sa position sur la ligne *a-o* est variable. Chaque locuteur aura une prononciation propre du son *o,* tantôt très proche ou proche de *a*, tantôt plus éloignée et s'approchant parfois de *u*. Pour illustrer ce phénomène le mot oui se dira dans le monde germanique *ja* ou *jo*! *o* se confond avec *a* et *u*, un peu comme la couleur verte produite par la réunion des couleurs bleu et jaune.

L'ensemble *a, o* et *u* forment un unique son long, diphtongué ou triphtongué *aou*.... Ne dit-on pas Pol, Paol et Paul ? Cette dernière forme se prononce en germanique « Paoul » Cet ensemble *a, o et u* représentent les voyelles ou les sons dits palataux. Ce sont les seuls sons qui subissent la métaphonèse.

En fait ces voyelles veulent toutes se rapprocher du son *i*. On peut donc dire que les palatales sont la continuité du son *a* et sont placées en parallèle des voyelles *e* ou *ä*, *é*, *ë*, recueillies et contenues en *i*. Ainsi *a=i* par le trajet de *a* par *u* et repris dans la figure suivante :

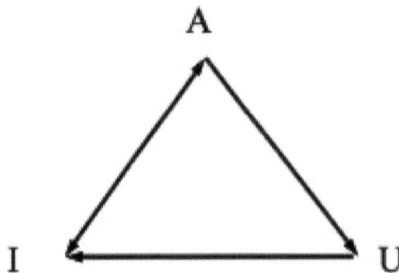

Nous nous trouvons en présence d'une unité trinitaire. La trinité divine c'est trois personnes hypostatiques créées par le verbe, c'est à dire la lumière, le souffle divin en *a*, le Père. Le père engendre le Fils, *i*, par l'opération du Saint Esprit *u* à partir de la « *Materia Prima* », la nature vierge, la Vierge Marie, *a* (*o*)*u*, soit AV.

Nous savons qu'avant la prière, il convient de retrouver intérieurement une âme vierge comme la nature vierge. Les catholiques invoquent la Vierge Marie en récitant l'**Ave M**aria. Avant de commencer tout acte de prière ou de recueillement dans les religions ou les actes spirituels orientaux de l'hindouisme et du bouddhisme les pratiquants se mettent ainsi en présence de la nature vierge en prononçant *AUM* (*om*) c'est à dire AVM. **M** venant s'ajouter à l'ensemble *au* pour prolonger la production vocale afin de symboliser l'infinité du verbe divin se reflétant dans les eaux inférieures souvent symbolisées aussi par la Lune. La lettre **M** prend le sens ésotérique, par sa valeur numérique de la Lune.

Nous avons tous déjà rencontré le sigle ci-dessous, le symbole commun aux traditions catholiques et orientales :

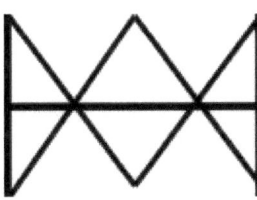

À droite plaque d'entrée de la Chapelle du Centre Étoile du Diocèse du Mans

a est donc le Père et *i* le Fils, AVM (Aum), la Vierge Mère. La Vierge Marie. Essayons de vérifier cette idée par la valeur numérique de ces lettres et de la traduction qu'en donne la Kabbale.

a, Aleph, valeur 1 - Androgyne, lettre du père, Ultra-violet. Mémoire de la source, Feu de l'Amour créateur.

i, Yod, valeur 10 - Je suis un avec le Père, Masculin.

Feu de la claire lumière primordiale - Blanc et rouge.

u **ou** *v*, Vav, valeur 6 - Androgyne à dominante Yang, Rouge, vert. Feu médiateur de tous les dons.

m, Mem, valeur 40 - Féminin, ultra yin - Lettre de l'Esprit-Mère

L'agent médiateur et unificateur universel.

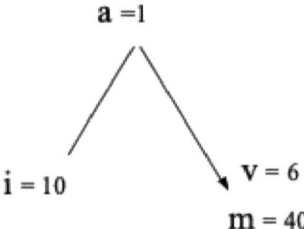

a, l'unité, qui est le tout =1 c'est à dire $1+2+3+4+5+6+7+8+9$

v (u), le 6ième jour, l'homme, fait de terre, d'eau et de l'esprit, Adam $(1+4+1+40=10=1)$.

AV (Ave) $1+6=7$ toutes les couleurs et tous les sons en action, c'est à dire la manifestation, la création en 7 jours.

Maria = $40+1+200+10+1=9$
AVM = $1+6+40=11=10+1=2$
Ave Maria = $7+9= 16=7$

La Vierge 9 a donné Jésus : *i c'est à dire* 10 soit $9+1=10$: Jésus 10 = le Père 1.

L'ensemble A+V+M+I = $1+6+40+10=12=3$ la trinité 3x1 : Le père, le fils et le Saint-Esprit. C'est à dire que 1 est la somme de $1+2+3+4=10$.

Les trois éléments du monosyllabique sacré Aum (Om) symbolisent les Trois Mondes du « *Tribbuvana* hindou » A=Le Ciel, O=l'atmosphère et U=la terre, ou encore A=esprit, O=âme et U=corps (La mesure, *mâtrâ*, des Trois Mondes.)

*

2
*La théorie des cycles
selon les Vêdâ*

Selon les textes védiques *Vêdâ*, un *Manvatara* signifie en sanscrit le cycle de *manu*, d'une durée d'environ quatre millions d'années et plus. Il se divise en quatre autres cycles nommés *Yuga*, non égaux entre eux ni en durée ni en qualité : le temps s'accélérant au détriment de la qualité.

Le 1er cycle *Krita Yuga*, le plus long, correspond à l'âge d'or, le second, le *Tretâ Yuga* moins long correspond à un âge d'Argent, le troisième, le *Dvâpara Yuga* correspond à l'âge de bronze et enfin le dernier, nommé *Kali Yuga*, l'âge de fer, l'actuel, le plus noir, le plus court et le plus difficile pour l'homme parce que plus rapide.

A la fin du *Kaly Yuga* le monde tomberait de nouveau dans le chaos pour renaître dans un nouveau *Mantavara*. Les différents âges sont symbolisés par des métaux du plus au moins précieux qui traduisent la valeur qualitative de ces périodes cycliques. Les différents stades du *Mantavara*, les *Yugas*, sont également impossibles à mesurer avec précision. La seule valeur de rapprochement entre eux sont leurs proportions comparatives qui vont de 4, 3, 2, et 1, dont le total donne 10 pour l'ensemble du cycle. 10 étant 1, un tout et un retour au renouveau. Le passage d'un stade à l'autre ne s'opère pas brutalement mais par mutation d'une rapidité croissante du commencement du cycle à sa fin: le moment de l'arrêt de la progression. Nous renvoyons le lecteur à l'oeuvre de René Guénon.

Il existe une analogie dans la structure quaternaire de tous les cycles cosmiques, y compris dans celui du déroulement de la vie humaine. Une vie, un jour, un mois lunaire, une année solaire etc. comportent tous leur phase d'apogée pareille au solstice d'Été, aux pleines lunes et inversement au solstice d'hiver et à la lune noire.

Toujours selon la même théorie des cycles indiens, quatorze *Mantavara* forment un *Kalpa*, c'est à dire une année de *Brahmâ*, lui-même inscrit dans un autre cycle. L'entre chaque *Mantavara* se nomme le *pralaya* et à la fin de chaque *Kalpa* le *Mahapralaya*. Le temps n'est donc pas linéaire.

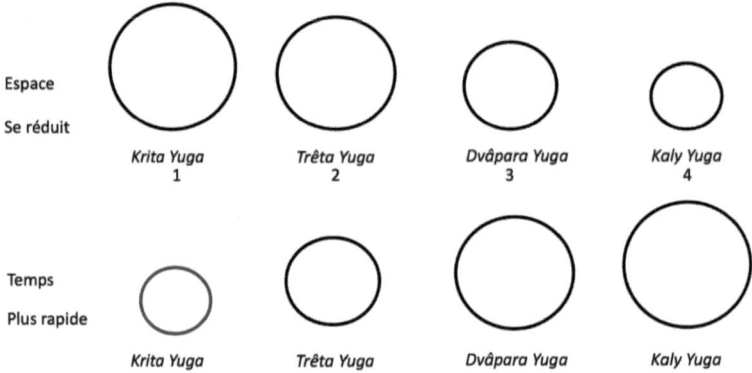

Schéma des quatre stades d'un Mantavara selon les Vedâ

Espace

Se réduit

Krita Yuga
1

Trêta Yuga
2

Dvâpara Yuga
3

Kaly Yuga
4

Temps

Plus rapide

Krita Yuga

Trêta Yuga

Dvâpara Yuga

Kaly Yuga

3
Le Rosaire
La guirlande des mondes

« *L'œil dans lequel je vois Dieu est l'œil même dans lequel Dieu me voit : mon œil et l'œil de Dieu ne sont qu'un œil, et une vision, et une connaissance et un amour* ». Maître Eckhart.

Dédié à la Vierge Marie, le rosaire est une guirlande de minuscules globes de bois, traversés en leur centre par un fil d'un pôle à l'autre. C'est un support d'exercices spirituels.

« *Sur Moi toutes choses sont enfilées comme un rang de perles sur un fil* » Bhagavad-Gîta.

Le fil c'est le verbe ou le souffle divin *Sûtrâtmâ* (fil du Principe Universel). L'ensemble forme une chaîne, la chaîne des mondes, qui part du Principe Divin pour revenir à lui. Le Rosaire est le symbole le plus fort de la Manifestation Divine comme le rappelle le chiffre 153 du nombre d'Ave, symbole de l'universalité.

Le rosaire est récité soit en totalité soit en trois temps (trois chapelets) dans une journée, au moment des Angélus, par exemple. Au cours de sa récitation, les Mystères de la Vie de Jésus sont médités par étapes de dix Ave. Préalablement l'exercice est précédé d'une louange à la Sainte Trinité par trois Ave. Le Rosaire commence par le Credo et chaque station débute par un Pater. Ainsi le rosaire est composé de cent cinquante-trois Ave.

Le nombre 153 est le développement du chiffre 17 que composent les 16 Pater et le Credo. En effet :

$$1+2+3+4+5+6+7+8+9+10+11+12+13+14+15+16+17=153$$

153 symbolise l'universalité. Ce chiffre correspond également aussi aux dimensions de la grande galerie de la grande pyramide d'une longueur de 153 pieds. La hauteur de la base de la 50ième assise (nombre d'Ave dans le chapelet) est de 1700 (17) pouces. De cette 50ième assise partent 153 autres assises.

Parmi ces quelques exemples rappelons aussi que le nombre 153 régit les apparitions mariales de Lourdes.

Enfin, 153 lettres (ou sons) composent la salutation angélique, « l'*Ave Maria* », en latin, la lettre finale *ae* de *nostrae* compte pour un son :

> « *Ave Maria, gratia plena ; Dominus tecum : benedicta tu in mulieribus, et benedictus fructus ventris tui,* **Jesus.**
> *Sancta Maria, Mater Dei, ora pro nobis peccatoribus, nunc et in hora* **mortis** *nostrae.* » *Amen.*

L'Ave Maria, dans sa première phase, l'*inspir*, associe intimement le nom de Marie et de Jésus, et dans sa seconde phase, l'*expir*, associe Marie à notre mort, « *mortis nostrae* ». Ces deux invocations engagent le récitant à la méditation contemplative des Mystères de l'Incarnation et de la Rédemption et du rôle de Marie médiatrice de toutes les grâces.

Malkut, la mère obscure, la servante, nous renvoie à la Salutation Mariale. *Binah* d'une valeur numérique égale à MI, (Saint Michel) cinquante, correspond aux 50 Ave du Chapelet qui se termine tous par la mort, la vie du Monde à Venir.

Inspir et *expir* sont deux phases comparables aux mouvements systoles du cœur, les deux battements du cœur. Le premier envoie le sang régénéré dans l'organisme et le second le rappelle. C'est là, le principe qui régit la théologie du cœur sacré de Jésus.

Les 153 sons, émis par les récitants 153 fois, à un rythme et dans un ordre bien défini, produisent un phénomène dit de résonance et synchronisent les vibrations produites par la parole ou la voix. Ainsi, plus le rosaire est répété, plus il est efficace. C'est la force du rosaire. Le rosaire est le chemin du retour au Principe Divin : 153 est un tout. Il constitue un véritable instrument d'une très haute portée spirituelle.

Le fil figure le verbe ou le souffle divin. L'ensemble du rosaire représente la chaîne des mondes, partie du Principe Divin et revenue à lui. Il est le symbole le plus fort de la Manifestation Divine. Par le fil de la lumière les globes devenus perles, axe et œil seront confondus et la prière devient Révélation et Manifestation Divine par illumination. Entre chaque Ave, la pause est donc le silence du non-manifesté comparable au *Pralaya* (voir l'excursus sur la théorie des cycles *Mantavara*.) Égrainer un rosaire c'est progresser sur le chemin qui mène de ce monde inférieur au monde supérieur.

Le pape Jean-Paul II, par les suggestions de son entourage, a défini un nouveau rosaire de quatre chapelets soit 200 Ave en ajoutant aux méditations de la récitation du « Rosaire » un mystère lumineux.

Le rosaire reprenait les méditations du psautier (Psaume de David) c'est-à-dire les cent cinquante psaumes. Une nouveauté a été introduite depuis dans la récitation même de l'Ave. Celle-ci est interrompue entre ses deux parties par une clausule méditative. Ces modifications brisent le rythme des vibrations que produit le rosaire et nuisent certainement à son efficacité. Le nombre d'Ave de 153 est passé à 203, quant aux 153 sons de l'Ave, leurs effets sont dilués. Ce nouveau rosaire a perdu sa portée hautement spirituelle. Rappelons que le fondement du symbolisme est la loi de correspondance. Les symboles peuvent se concevoir sous diverses formes : par une figuration graphique, figurée, visuelle et même sonore, comme la musique ou des sons.

Une scène de danse ou de théâtre par ses figures, que sont sa musique et l'expression des danseurs ou des acteurs, eut être symbole et même rite.

Enfin la construction de l'Ave dans la langue liturgique, le latin, apporte toute la force spirituelle à la prière. Énoncée en langue vernaculaire elle perd de son efficacité.

*

4
La Dame du Verger

Après la journée de travail, le village participait encore à la « récitation » du chapelet du soir. Suivait l'adoration du Saint Sacrement et les chants traditionnels avec l'éclat qu'il convenait à la circonstance. Par économie, l'église restait plongée dans l'obscurité le temps des prières, ce jusqu'à ce qu'éclate le *Tantum Ergo* chanté à pleine voix par tous les villageois rassemblés, peu après le retour de la lumière éblouissante comme l'éclair du tonnerre d'une nouvelle manifestation du monde. Le rosaire est ce chemin vers la lumière.

Les doigts égrainent le rosaire lors de sa récitation. La parole accompagne le geste. La main, le toucher, est cet « autre œil » qui permet aux aveugles de se guider dans l'obscurité. L'aveugle ou le mal voyant tend ses mains à la hauteur de ses yeux pour se diriger, quand il n'est pas accompagné.

Rappelons encore qu'en hébreu, la main c'est *Yod* et que sa racine est proche de celle d'œil *Ayin*. Et en sanscrit c'est toujours *Akhsa,* qui est aussi la lumière et la perle. Le fil qui relie et traverse toutes les perles entres elles du chapelet hindou se nomme également *Akhsa*! Ainsi ces perles traversées par le fil de lumière deviennent elles-mêmes lumière et connaissance qui se dit *Yada* en hébreu.

N'est-ce pas dans la nuit que nous distinguons les étoiles dans le ciel ? Au grand jour, nous sommes aveugles. C'est au crépuscule, que nous découvrons dans la voûte céleste l'étoile vespérale, puis au crépuscule de l'aube, l'étoile du matin « parmi les anges ».

Chaque perle égrainée est une rose déposée aux pieds de la Vierge. Chaque dizaine récitée est une tresse de roses. Le rosaire entier forme le jardin ou le verger de la Dame, de Marie. Il est le lieu de la connaissance et de la contemplation.

Chaque Ave est aussi une pomme du Verger de la Dame. La pomme est ronde comme un monde et toutes proportions gardées comme un grain de chapelet. Sa queue se prolonge dans le cœur du fruit et peut symboliser la transcendance divine. Ce fruit est rouge comme la rose, le sang, l'amour ou les baies des aubépines, couleur de Noël et la couleur royale et du sacrifice. La chair de la pomme est blanche, couleur de l'union de toutes les couleurs. Le blanc est la seconde couleur de Noël. C'est la pureté, la lumière, la connaissance, la vie, la résurrection et la couleur sacerdotale.

L'arbre de Noël c'est l'arbre du Jardin du Paradis décoré de boules rouges. Il annonce le retour de l'été et de ses fruits.

Jardin se dit *garden* en anglais, *Gaart* en luxembourgeois. La racine indo-européenne °*ghorto* signifie garde ou garder. Mais le vrai jardin de la Dame c'est le verger, *Bongert* en luxembourgeois, ce jardin de pommiers, ce paradis d'avant la chute de l'homme. L'homme le retrouvera grâce à la Dame du Verger, celle chantée par les troubadours dans l'amour courtois : la Vierge Marie. Courtois ? Ce mot est également, étymologiquement, relié à la racine indo-européenne °*ghorto*. C'est cela que signifie «*se placer sous la garde de la Vierge Marie*» ou encore les expressions telles que « *Dieu vous garde !* » ou « *Garde-moi entre tes mains Seigneur* ».

Un jardin est un endroit clos. La racine indo-européenne-germanique °*skleud* signifie également verger, en**clos**, d'où vient écluse, clausule, *Claus, Klauss* etc.... Le jardin est un endroit clos et comme tous les vergers il a besoin d'eau. Il fait très chaud dans un clos, le soleil est de plomb. C'est le rôle de la Dame, comme la Lune, la reine de l'eau, de tempérer l'effet du Soleil.

L'œil, c'est le regard, n'est-ce pas ? Être sous la garde de Dieu c'est être sous le re-gard de Dieu. Le re-gard et l'œil sont par conséquent reliés à l'eau. La lumière, le feu et l'eau favorisent la fécondité, cette délivrance. N'est-ce pas cela un orage où l'eau et le feu se rencontrent?

Les origines des vierges noires comme celle de la cathédrale de Metz, dite Vierge du Bon Secours, et de bien d'autres encore dans les cathédrales, ont toujours intrigué les visiteurs. Notre Dame de la Nuit est là pour guider l'homme comme un aveugle. Suivez son chemin de perles comme le Petit Poucet a suivi le chapelet de cailloux, cet autre chapelet de l'obscurité de la Forêt. Il vous mènera au plus bel endroit que nul n'aura fini d'imaginer et de découvrir : Le Verger de la Dame.

« Sur Moi toutes choses sont enfilées comme un rang de perles sur un fil »

C'est à partir de : « Et Dieu dit » que la Lumière a été créée et, avec elle tout le monde formel. Nous arrivons ainsi aux notions d'établissement et de lieu, inséparables de la Lumière Primordiale. Celle-ci étant, d'une part, effet de la parole dite puis, d'autre part, source du monde formel « Saint Jérôme rend par eloquium et par verbum. » .... Il est donc inconcevable dans un contexte traditionnel de séparer la notion de création de celle de sacré.. (1)

*

(1) Symboles de la Science Sacrée de René Guénon, chez Gallimard.

Chapitre dernier

Marie dans la Tradition Islamique

La Vierge Marie en Islam

L'Islam au moment de sa révélation s'est rattaché à l'Ancien Testament au niveau même d'Abraham. Le Christianisme quand il décida de se séparer du Judaïsme, conserva ses livres saints, ce qui lui permet de respecter les paroles du Christ : « *je ne suis pas venu abolir la loi, mais la parfaire* » (faire en sorte qu'elle perfectionne l'homme). Le fils d'Abraham, Ismaël, représente la branche de l'Islam ; l'une des trois religions monothéistes. Mais au-delà de cet aspect, la tradition islamique a repris les quatre Évangiles parmi ses livres. Et à ce propos, dans le Coran à la Sourate Trois il est question de Marie. A sa naissance Allah dit à sa mère Anne, *Hanna* :

« *Et moi, je la mets sous Ta protection contre Satan* » Coran 3. 36

Cependant, c'est l'ensemble de cette sourate au-delà de ce verset qui évoque d'une manière plus élargie l'Annonciation faite à Marie en Islam, épisode assez court finalement dans le seul Évangile selon saint Luc : 1. 26-39, compte tenu de l'importance de l'évènement. Un *hadith* (1) prophétique précise en outre :

« *Tout fils d'Adam nouveau-né est touché par Satan à l'exception du Fils de Marie et de sa Mère* »

Charles-André Gilis souligne dans « La Papauté contre l'Islam » chez « Le Turban Noir 2007, un passage important de la déclaration diplomatique *Nostra Aetate* du Concile Vatican II rédigée par les Pères de l'Église en 1965, qui traite des relations de l'Église Romaine avec

---

(1)Les *hadiths* sont des recueils de paroles et les actes du prophète Mahomet qui constituent avec le Coran le socle théologique et législatif de l'islam.

les religions non-chrétiennes et particulièrement le Judaïsme et l'Islam :

> « *La Doctrine de l'Islam sur Marie est identique à celle de l'Église Catholique, non seulement sur la question virginale mais aussi sur celle de l'Immaculée Conception.* »

La vogue de l'œcuménisme à tout prix, pourrait nous entrainer à nous poser naïvement la question suivante : « *Pourquoi ne pas trouver une solution sur le plan de la foi avec l'Islam ?* » En effet vouloir fondre les religions entre elles est un vaste projet utopique qui date du milieu du 19ième siècle et qui s'est développé sans Rome. Celle-ci a finalement rallié ce mouvement lors du rassemblement des responsables religieux à Assise sous le pontificat de Jean-Paul II. Personne n'aurait imaginé cette décision cinquante ans auparavant. Or, la vision théologique de la Vierge Marie en Islam se révèle plus délicate qu'il n'y parait, malgré quelques points concordants énoncés plus haut, essentiels certes !

Le dialogue entre les deux traditions se heurte à des conceptions théologiques différentes, qui ont pour origine les conditions et les circonstances de la partition du judéo-christianisme avec le Judaïsme même, pour une part et sur la base de registres de discussion différents.

L'institution romaine (l'Église Catholique) a abandonné depuis la Renaissance toute métaphysique (ésotérisme) dans ses développements théologiques, même si son herméneutique tient ses sources dans la philosophie générale grecque, alors que la tradition islamique tire dans ce domaine ses sources dans la métaphysique orientale, le *tassawuf* : l'enseignement ésotérique qui gouverne le monde. Ajoutons que le Judaïsme peut être associé aux traditions orientales. Les niveaux de réflexions peuvent difficilement se rejoindre sur des positions acceptables dans un domaine où le compromis est impossible par ce fait même, l'Église ayant rejeté tout enseignement émanant de l'ésotérisme chrétien. Cet ésotérisme pourrait-être rapproché du *tassawuf,* l'ésoétérisme islamique, car il est universel.

Marie est l'essence trinitaire : fille du Père, Épouse du Saint-Esprit et Mère du Fils. Cette formulation de la Trinité Chrétienne n'est qu'une formulation particulière du *Tawhid* principe de la non-dualité dans l'Islam. Celui-ci implique un Dieu unique, inexprimable et sans intermédiaire entre lui et ses fidèles. Selon l'Abbé Stéphane (2) l'Unité suprême, l'inexprimable, ne peut être exprimé que par des expressions négatives, et cela rejoint la conception du *Tawhid*.

De quoi s'agit-il ? C'est de la double nature de Jésus-Christ Esprit-Dieu et Corps-Dieu ! Elle représente l'objet de la non-subordination au *Tawhid*. Nous n'entrerons pas dans une polémique sur ce sujet, cependant nous renvoyons le lecteur méditer le « Symbole des Apôtres » formulé lors de la Pentecôte sous la Présidence de Marie, texte qui ne reconnaît qu'un seul Baptême pour la rémission des péchés au nom du Père, du Fils et du Saint-Esprit, non comme une initiation à une « Religion Chrétienne », car la distinction entre un christianisme religieux et le Judaïsme n'existait pas (avant Antioche). (relire l'introduction)
Revenons à la Tradition Islamique.

Le nom de Marie, *Maryam*, soit M+a+R+Ya+M= 40+200+10+40=290. Ce total correspond au nombre de tous les envoyés divins, soit au mot *râsul*, qui signifie l'envoyé. Or parmi ces *rasûl* il y a les *rasûl* législateurs, soit : Adam, Noé, Abraham, Moïse, Jésus et Mohamed.

Marie est la « Servante du Seigneur ». Elle est la seule femme citée et dans le Coran par un nom. On notera que chacune de ces lettres correspond à cinq domaines : métaphysique, ontologique, cosmologique, eschatologique et aussi certains aspects du pôle substantiel de l'existence. Or son nom nous révèle sa proximité avec les *rasûl*, par le nombre 290.

Maryam est la Dame, *sayyida*, des femmes du Monde, avant *Fâtima, Khadîja* puis *Asiya*. Le mot dame vient du latin *domina*, dont le sens est analogue à *sayyida*. C'est dans la salutation angélique qu'est soulignée cette dignité : « *Vous êtes bénie entre toutes les femmes (dames).* » Allah l'a préféré aux femmes « *des Mondes* », expression

(2) Abbé Stéphane dans Introduction à l'Ésotérisme Chrétien chez Dervy.

bien supérieure au caractère universel que lui accorde le christianisme. « *Elle est celle qui a préservé sa virginité et en qui Nous (Allah) avons insufflé de Notre Esprit ; et Nous avons fait d'elle et de son fils un signe pour les mondes.* Coran 21. 91.

Nous reproduisons ici par souci de clarté, intégralement, ce que dit Charles-André Gilis :

> « *Selon la réalité de son être, Marie manifeste un aspect fondamental du Verbe éternel, exprimé, lui aussi, dans la même sourate : » Nous t'avons missionnée uniquement comme une miséricorde pour les mondes. La mission divine (risâla) présente en effet avec la Vierge un rapport étroit sur lequel nous aurons à revenir ; rahma qui évoque l'idée de « matrice » et renferme une connotation féminine et maternelle. De là, il est aisé de comprendre que cette fonction comporte, en Islam comme dans toutes les traditions métaphysiques complètes, une dimension proprement initiatique, dont la présence mystérieuse et rarement visible se manifeste néanmoins de façon constante.* »

Nous ajouterons à ce texte emprunté à Charles André-Gilis, le rappel que les Apôtres du Christ avait bien compris cela et qu'ils avaient créé un temps cette Église du Saint-Esprit, si on ose dire une « voie initiatique ».

La doctrine de l'ishâra marial

Ishâra est une désignation d'un membre de la main; le doigt et plus précisément de l'index. Or ce terme s'étend à une définition plus large au-delà des gestes destinés à s'exprimer par des signaux, notamment dans le cas d'un éloignement où la parole ne porte plus. C'est un signe corporel d'un langage muet. D'après cette très brève définition on peut à présent se reporter au Coran ou à l'Évangile dans l'Annonciation faite par Gabriel à Marie. Elle craint de ce l'on dira de son état de grossesse, ne connaissant aucun homme. Le verbe connaître s'entend par « appartenir à ». L'Archange Gabriel lui conseille alors de « jeûner en parole », c'est-à-dire de s'abstenir de toute parole, de se taire. Ainsi Marie désigna l'enfant *Aissâ* (Jésus) d'un geste : l'*ishâra*, celui qui proclame la transcendance divine. L'index, levé, symbolise la volonté divine, nous avons déjà rencontré ce geste chez une personne qui évoquait la Loi Divine quand il lève l'index pour exprimer une vérité.

A une esclave muette, l'Envoyé d'Allah demanda: « Où est Dieu ? ». Elle répondit de son index en montrant le firmament. Elle fut affranchie sur le champ par son maître parce que croyante. (1)

Cette courte explication ne se comprend que lorsqu'on place Marie dans sa foi inconditionnelle de Servante du Seigneur « muette ».

Le mot *ishâra* contient la lettre *ha* que nous rencontrons parfois dans nos écrits. C'est le souffle divin de la volonté divine, qui précède l'acceptation à la soumission à Dieu. Il s'agit du même silence de Zacharie. Celui-ci à un âge très avancé, sans enfant, avait imploré Dieu afin qu'il lui donne une descendance. Celui-ci finalement lui envoie l'archange Gabriel lui annoncer que sa femme enfanterait d'un garçon : Jean-Baptiste. Gabriel lui demanda le silence et Zacharie devint muet un certain temps : l'*ishâra*, il s'agit d'un secret initiatique.

Pourquoi le secret de Marie ?

Si l'on veut comprendre l'*ishâra* pour Marie, il faut admettre en Islam, que Marie, prophétesse muette, ne pouvait se substituer dans sa parole à son fils.

Jésus selon la théologie islamique du *tawhid*, n'est pas seulement l'envoyé de Dieu mais aussi *rasûl* législateur, c'est-à-dire doté du pouvoir de modifier le droit sacré au sein du Judaïsme. Jésus n'est pas seulement une manifestation du Verbe Divin, il est le verbe de Dieu lui-même. Ce verbe unique et éternel est le principe de toutes les manifestations particulières et le Coran de préciser : « *Croyez donc en Allah et en ses envoyés.* »

(1)Ibn Arabî.

Marie est par *l'ishâra* est « *rasûl Allah, Allah* », ce doublement signifie une *ishâra* mariale « muette » la mère de Jésus et la fille de Dieu. Ainsi on comprend le voile de Marie, qui cache sa condition de « non-manifesté ». Rappelons à ce sujet de ce que disent les Évangiles à propos de son inquiétude face aux questions soulevées par son entourage à propos de sa « grossesse » dans Luc 1. 26-38 :

> « *Ne connaissant point d'homme, Marie s'inquiète :*
> « *Comment cela se fera-t-il ?* » *L'ange lui répondit : « L'Esprit- Saint viendra sur vous, et la vertu du Très-Haut vous couvrira de son ombre. »* A cela, Marie répondit « *Je suis la servante du Seigneur, qu'il me soit fait selon votre parole.* »

Marie la nouvelle Arche d'Alliance

Les litanies de la Vierge citent Marie comme « l' Arche de la Nouvelle Alliance » qui reprend en quelques sortes les symboles de «L'Arche de l'Ancienne Alliance », à savoir la *Sakîna*, l'équivalent dans l'hindouisme de la *Sakti* désignant l'énergie féminine, le principe actif et extériorisé d'une divinité masculine. C'est à la fois la Paix Céleste et la Guerre Sainte analogue à celle que livrent les armées célestes de Saint-Michel. Ainsi Marie est la Reine de la Paix, mais aussi celle qui impose la Paix. Ceci nous ramène à la Milice Céleste. Saint Bernard donna sa règle à l'Assemblée des Blancs Manteaux, la Rose éblouissante de Saint Michel affiliée à la *flos Carmelis* du Mont Carmel en Terre Sainte. N'était-ce pas le rôle dévolu aux Chevaliers du Temple, par Saint Bernard ?

Dans l'Ancien Testament, le retour de l'Arche d'Alliance coïncide avec la fondation de la Royauté de David et celui de la fonction guerrière d'Israël. On ne peut pas évoquer la *Sakîna* sans revenir à la Kaaba, pour sa fonction axiale, le Centre du monde et l'axe mundi.

Du *mihrab*, la niche construite dans les murs de la mosquée, l'imam conduit la prière dans la direction spirituelle de la Mecque (*quibla*). Les voies spirituelles et les formes sacrées sont déterminées en fonction d'une influence accrue du pôle substantiel qui symbolise également Marie. *Mihrab* figure dans le Coran (3. 37 et 39) pour désigner le sanctuaire où se tient Marie et aussi celui où se tient David (Coran 38. 21).

En conclusion

Même si les doctrines catholique et islamique convergent à propos de maternité virginale de Marie et de l'Immaculée conception, elles divergent fortement quant à la double nature du Christ, à savoir Dieu-Homme, alors que pour l'Islam la nature de Jésus est pour ainsi dire proche de celle de sa Mère. L'écueil sur lequel se heurte une convergence totale entre les deux traditions, c'est la théologie post-ascensionnelle de Jésus décrite par l'Église au lendemain de la Pentecôte. Cette théologie gomme littéralement le principe original du message christique. Elle laisse entendre que les paroles du symbole des Apôtres, l'Assemblée de ces derniers présidée par Marie, confondent le verbe divin non-manifesté, Dieu le Père avec le verbe manifesté Jésus dans sa fonction seigneuriale unilatérale dans l'univers.

Pour autant Marie en Islam ne reste certainement pas isolée du croyant musulman. Elle fut également implorée un temps, pour ses conseils, sa « Sagesse » et sa consolation par les femmes musulmanes se rendant à Notre Dame de la Mercy (de la Garde) à Marseille pour la vénérer.

Marie en Islam n'est pas seulement médiatrice. Elle représente le pôle féminin de la manifestation du Verbe, le pôle substantiel de l'existence.

Pour approfondir ce sujet, nous recommandons au lecteur de se référer à l'ouvrage « Marie en Islam » de Charles-André Gilis aux Éditions Traditionnels, une aide précieuse dans la réalisation de cette brève présentation de la Vierge Marie dans la tradition islamique.

*

Conclusions générales

La médiation est un acte transversal alors que la voie initiatique est une action verticale centrale. La première recentre vers l'axe et la seconde élève vers l'Absolu. Cette dernière représente une voie difficile menant l'initié ou l'adepte à sa délivrance du Spatio-temporel, alors que la médiation régénère les bienfaits de son baptême s'il s'en était éloigné. Le Christ sauveur, représente le seul passeur, le pontife suprême, selon ses paroles :« *qui veut aller au Père doit passer par moi, je suis la voie* ». Cependant la Vierge Marie peut intervenir directement sur la condition des âmes du Purgatoire, voir les libérer et finalement se substituer à l'acte purificatoire si le pénitent revêt le scapulaire de Notre Dame du Carmel. Mais son revêtement comporte des conditions de conduite de vie. Ainsi l'Ave fut un temps assimilé au pardon. Et c'est cela l'essentiel, malgré les divergences de vue à propos des « qualités théologiques » de la Vierge Marie. Enfin son action, anticipée, ne se réalise qu'avec l'accord de son fils, l'épisode évangélique du miracle des Noces de Cana en est l'exemple. Attendre plus de Marie mène à la mario-idolâtrie. Marie reste l'auxiliaire du Christ et la médiatrice de toutes les grâces.

La structure christocentrique de l'Ave place, comme son l'indique, Jésus au centre de la prière. Les clausules n'ont aucun caractère obligatoire, elles s'intercalent après le mot même de Jésus telle une suite logique de la phrase pour une véritable méditation, à ne pas confondre avec médiation, mot proche par la seule orthographe, mais d'une finalité différente.

La méditation représente un exercice très difficile et demande une très grande concentration afin de ne « faire qu'un » avec l'évènement de la vie du Christ, par exemple partager ses souffrances. Elle doit aboutir à l'illumination et à la communion totale. Qui parvient, surtout de nos jours à se concentrer sur un point sans que sa pensée diverge au bout d'une minute ? Il s'agit d'une activité mystique et non pas de sentiment.

Le Rosaire est en effet un support de prière idéal. Quelques siècles, voir un millénaire, ont été nécessaires aux religieux pour parvenir à l'adapter et finalement à continuer l'œuvre de Saint-Bernard. Son chapelet fut occulté pour sa présentation orientale et pour ses positions théologiques à propos du statut de l'Immaculée Conception de la Mère du Christ. Peu lui importe, certainement de ne pas figurer en tête du générique de cette épopée.

*

Achevé le 21 Septembre 2022

Ouvrages consultés

Abbé Gabriel Martin dans Explication de 87 objets liturgiques, chez DFT en 2004.

Abbé Henri Stéphane dans Introduction à l'Ésotérisme Chrétien chez Dervy.

Alfred Gelz dans Die Mosel von Rettel von Schloss Thorn.

Alphonse Gambs Pèlerinage Saint Cyriaque Montenach chez Gérard Klopp.

Andréas Heinz dans Louanges des Mystères du Christ – Histoire du Rosaire chez Téqui.

Celui du Pays de l'Ours (anonyme) dans la Voie du Druide chez Soleil Natal.

Chanoine Dicop dans Les origines lointaines de la méditation du Rosaire au couvent de Marienfloss 1990.

Chanoine Joseph Lecomte dans Notre-Dame de Marienfloss, Berceau du Rosaire chez Esdé Éditions.

Charles-André Gilis dans La Doctrine du Pèlerinage chez Albouraq.

Charles-André Gilis dans La Papauté contre l'Islam chez Le Turban Noir 2007.

Clovis La Liturgie chez Clovis Éditions 2004.

Évangile de Thomas chez Métanoïa

Grand Missel-Rituel et Vespéral par abbé A Guilhaim et H Sytyn 1956.

Ibn Arabî dans La Sagesse du Prophète chez Albin Michel.

Jean Tourniac dans Vie Posthume et Résurrection dans le Judéo-Christianisme chez Dervy.

La Bible traduite et commentée par le Chanoine Crampon exemplaire n° 565 chez Desclée et Cie 1939.

Le Coran chez Albouraq.

Malek Chabel dans son Dictionnaire des symboles musulmans chez Albouraq.

Marie-France James dans Ésotérisme et Christianisme – Autour de René Guénon chez Nouvelles Éditions Latines 1981.

Nicolas Boon dans Au Coeur de l'écriture chez Dervy-Livres 1987.

Pol de Thugny dans Selon l'Ordre de Melchisédech chez Bod en 2022.

René Guénon dans L'homme et son devenir selon le Vêdântâ chez Éditions Traditionnelles.

René Guénon dans Le Roi du Monde chez Éditions Traditionnelles.

Rene Guénon dans Saint-Bernard aux Éditions Traditionnelles, avec *imprimatur.*

René Guénon dans Symboles de la Science Sacrée chez Gallimard.

René Guénon dans Le Symbolisme de la Croix.